HISTOIRE

ANDRÉ BENDJEBBAR
Agrégé d'histoire

GÉOGRAPHIE

JEAN MURACCIOLE
Agrégé de géographie

SCIENCES

ISABELLE GRÉGOIRE
IPR . IA
te d'IUFM

Multi livre

CE2 *Cycle des approfondissements niveau 1*

Exercices & Évaluation

HISTOIRE

EVE AVIGO
Conseillère pédagogique

MARTINE BESNIER
Professeur des écoles

GÉOGRAPHIE

BRUNO FLÉTY
Instituteur

SCIENCES

BERNADETTE AUBRY
Agrégée de biologie
Professeur d'IUFM

DIDIER BERNOT
Instituteur maître formateur

istra

Illustrations : Histoire et géographie : Amélie VEAUX
Sciences : Sylvie MICHELET
Couverture : PÉPLUM
Maquette/Réalisation PAO/Photogravure : MULTIMED, Pleine Page

ISBN 2.01.115 - 814. 1

AVANT-PROPOS

Avec le **Multilivre**, l'élève découvre l'histoire, la géographie et les sciences dans un même manuel.

Le **Multilivre** veut aider l'enfant à observer et comprendre de façon cohérente le monde qui l'entoure : la Terre, la nature, les hommes, leurs activités dans le présent et dans le passé, ici et ailleurs...

Chacune des trois disciplines apporte son « éclairage » spécifique tout en dialoguant avec les autres.

La pochette d'exercices et d'évaluations qui accompagne le **Multilivre** CE2 poursuit le même objectif d'enseignement disciplinaire.

Chaque fiche d'exercices construite autour du livre de l'élève :

→ apporte des compléments sur les notions abordées ;

→ permet de consolider les apprentissages et de faciliter la mémorisation ;

→ prolonge les activités proposées dans le livre : construction et/ou lecture de cartes, réalisation de frises chronologiques, création ou lecture de schémas, diagrammes scientifiques ;

→ enrichit le cahier d'histoire, de géographie et de sciences de l'enfant.

Pour chaque leçon on trouvera trois fiches (A, B, C) à photocopier.
Elles ont chacune une fonction bien spécifique :

• Vous avez présenté le sujet, commencé la leçon, discuté avec les enfants (sur le document de départ en première page de chaque leçon). La **fiche A** permet de **garder une trace** de ce premier échange. (Elle propose souvent une activité de coloriage et de fléchage, d'observation ou de classement.)

• La **fiche B** offre **des compléments** : des exercices ou des expériences, des comptes rendus d'expériences, des informations supplémentaires ou un éclairage nouveau sur un point exposé dans le livre.

• La **fiche C** a une fonction d'**évaluation**. Elle permet de constater si l'enfant a retenu et maîtrisé les notions essentielles de la leçon. Plus qu'une autre, cette fiche facilite la **mise en place du travail individuel**. L'enfant apprend à faire le point sur ses acquis ; et peut, en cas de défaillances, revenir à son livre.

Les auteurs

SOMMAIRE

HISTOIRE

GÉOGRAPHIE

SCIENCES

HISTOIRE

LES FICHES À PHOTOCOPIER EN HISTOIRE

Ordonner

• Se repérer sur une frise chronologique : notion d'échelle (1 cm peut représenter 1 an, 10 ans ou 1 siècle suivant le document).
• Associer des événements à une date.

Fiches B

Mémoriser

• Réinvestir des notions et du vocabulaire historiques découverts en classe ou dans le manuel.

Fiches B

Voir

Lire une image :
• observer, repérer, reconnaître, nommer et colorier ;
• comparer un document authentique reproduit dans le livre de l'élève à une reproduction dessinée dans le **Photocop**.

Fiches A

Classer

• S'entraîner à classer, à former des catégories ou des familles.

Fiches B

Évaluer

Fiches C

S'approprier

• Construire un tableau et le compléter à l'aide de vignettes proposées et de documents réunis par classe (cartes postales, publicités, plaquettes diverses….).

Construire

• Bâtir une frise chronologique et la compléter au fur et à mesure de l'année.

En histoire, il faut encourager les élèves à :

• **se reporter à la frise chronologique** du manuel et à celle élaborée en classe ;
• se constituer un stock d'images à dominante historique ;
• consulter le dictionnaire et différents albums ou livres réservés à la jeunesse.

HISTOIRE 1A

NOM : .... DATE : ....

Les peintres de Lascaux

1 - Les animaux de la grotte de Lascaux

Observe le dessin des animaux de la grotte de Lascaux.

Écris le nom de chaque animal :

un cheval – un cerf – une vache.

❶ .... ❷ .... ❸ ....

❹ .... ❺ .... ❻ ....

2 - Recherche

Comment est formé le mot « préhistoire » ? Qu’est-ce qu’il signifie ?

....

....

NOM : .... DATE : ....

Les peintres de Lascaux

1 - Les outils de la Préhistoire

Complète le tableau à l'aide des mots suivants :

- ***une lampe – un silex taillé – une aiguille – une sagaie.***
- ***coudre – chasser – éclairer – couper.***

Je suis ....,  je sers à ....

Je suis ...., 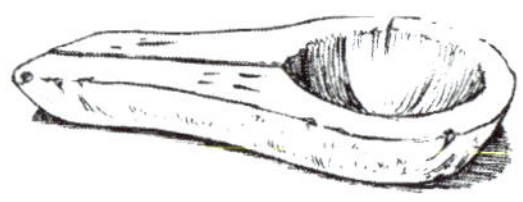 je sers à ....

Je suis ...., 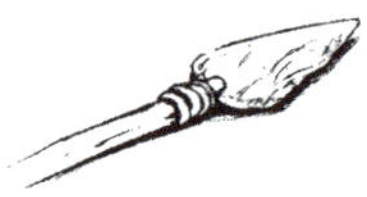 je sers à ....

Je suis ...., 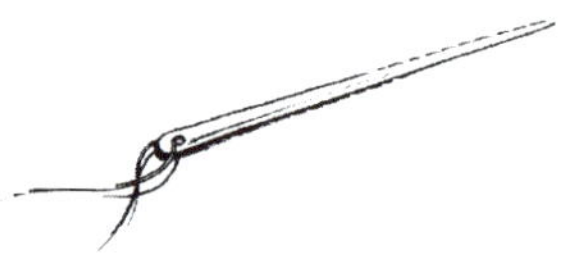 je sers à ....

2 - Où vivent les hommes préhistoriques ?

Colorie uniquement les lieux où habitent les hommes préhistoriques.

une hutte

une entrée de grotte

une maison gauloise

HISTOIRE 1C

NOM : .... DATE : ....

ÉVALUATION : LES PEINTRES DE LASCAUX

Appréciation :

1 Cite trois outils utilisés par les hommes de la Préhistoire, puis dessine-les.

- ....
- ....
- ....

2 Réponds par oui ou non aux questions suivantes :

Les chasseurs de Lascaux

- connaissent-ils l'écriture ? ....
- ont-ils des outils en fer ? ....
- savent-ils pêcher ? ....
- savent-ils faire chauffer de l'eau ? ....

3 Complète par vrai (V) ou faux (F).

Les chasseurs de la Préhistoire

se nourrissent des produits

- de la cueillette .... ☐
- de l'agriculture .... ☐
- de la chasse .... ☐

habitent

- une maison en pierre .... ☐
- une hutte .... ☐
- une entrée de grotte .... ☐

sont

- des agriculteurs .... ☐
- des nomades .... ☐
- des bergers .... ☐

savent

- faire du feu .... ☐
- écrire .... ☐
- dessiner .... ☐

HISTOIRE 2A

NOM : .... DATE : ....

Les Gaulois

1 - Les maisons gauloises

Colorie la maison gauloise et complète la phrase avec les mots suivants :
bois – chaume – torchis.

Le toit est fait de ...., les murs sont en ...., la charpente est en ....

2 - Des paysans habiles

Les Gaulois élèvent des animaux pour se nourrir et se vêtir.
Relie avec des flèches, comme dans l'exemple, l'animal à ce qu'il donne ; puis ce que les paysans tirent de ces produits.

porc • ⟶	• viande • ⟶	• salaisons
chèvre •	• laine •	• vêtements
vache •	• lait •	• fromages
mouton •	• cuir •	• tapis

NOM : .... DATE : ....

Les Gaulois

1 - Des artisans

Relie par un trait chaque objet à l'artisan qui l'a fabriqué.
Écris le nom des objets.

....

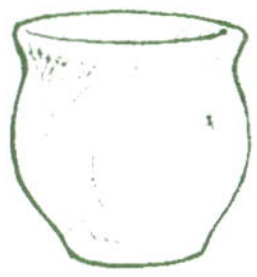

un potier

un forgeron

un orfèvre

un tisserand

2 - Un guerrier gaulois

Voici les noms des objets portés par ce Gaulois :
le torque – l'épée – le bouclier – la lance – les bracelets – les braies.
Écris chaque nom à sa place.

Choisis deux couleurs pour colorier les braies du guerrier gaulois. Alterne ces couleurs comme dans le modèle.

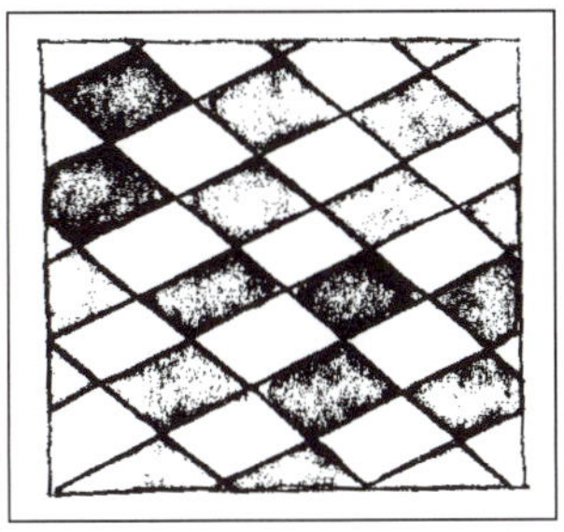

HISTOIRE 2C

NOM : .... DATE : ....

ÉVALUATION : LES GAULOIS

Appréciation :

1 Réponds par vrai (V) ou faux (F). Ensuite barre ce qui est faux*.

- Les Gaulois fabriquent des poteries pour conserver leurs aliments. .... ☐
- Les Gaulois sont des nomades. .... ☐
- Les Gaulois vivent dans des fermes ou des hameaux. .... ☐
- Les Gaulois produisent leur nourriture. .... ☐
- Les Gaulois n'élèvent pas d'animaux. .... ☐

2 Qui fabrique quoi ?
Écris le nom des artisans sous le dessin qui leur correspond :

un tisserand – un forgeron – un potier – un charron.

une roue	une toile	des poteries	une épée
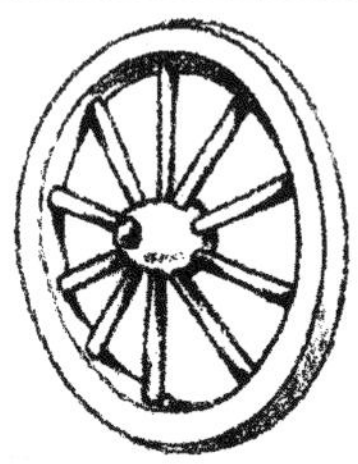	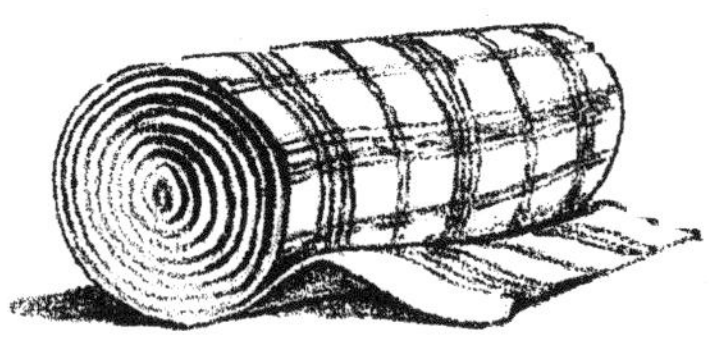		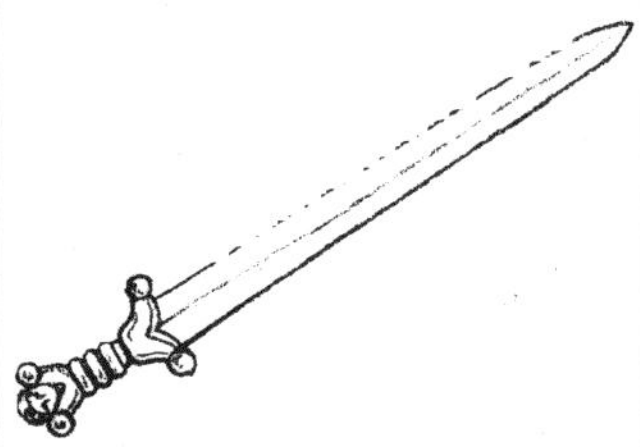
....	....	....	....

3 Complète les phrases suivantes :

- Les deux peuples qui se sont affrontés à Alésia étaient : ....
- Leurs chefs s'appelaient : .... et ....
- Les Gaulois disposaient d'armes solides. Ils fabriquaient des épées en ....
- Les orfèvres faisaient des .... et des .... en or.

* Après correction de l'enseignant.

HISTOIRE 3A

NOM : .... DATE : ....

LA GAULE ROMAINE

1 - Les thermes

Observe le dessin. Écris les noms des différentes salles des thermes à leur place :

– ***tepidarium*** (pièce tiède)

– ***caldarium*** (pièce la plus chaude)

– ***frigidarium*** (pièce la plus froide).

....

2 - Qui sont les Gallo-Romains ?

Coche la bonne réponse.

☐ Les Gallo-Romains sont des Gaulois installés à Rome.

☐ Les Gallo-Romains sont des habitants de la Gaule conquise par Jules César.

☐ Les Gallo-Romains sont des Romains installés en Gaule.

NOM : .... DATE : ....

LA GAULE ROMAINE

1 - LES CONSTRUCTIONS GALLO-ROMAINES

Reconnais les principales constructions gallo-romaines ; puis écris sous chaque illustration le nom qui convient.

un forum – un aqueduc – un arc de triomphe – un amphithéâtre.

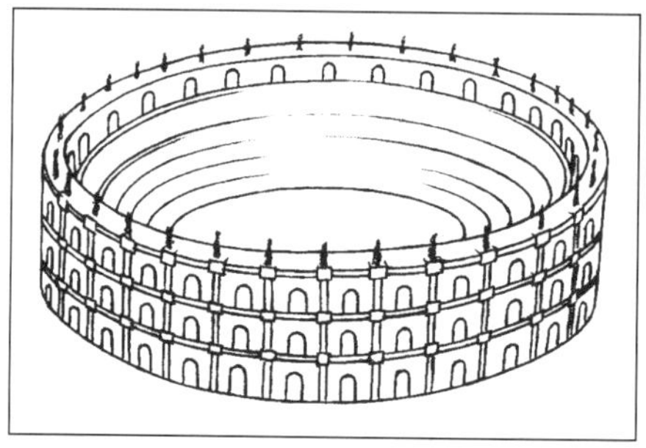

....

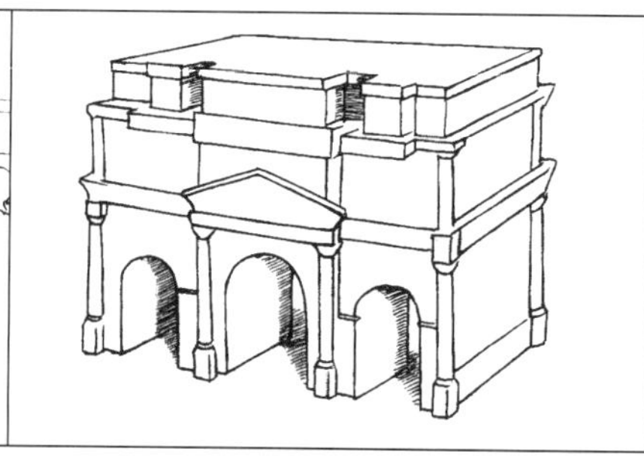

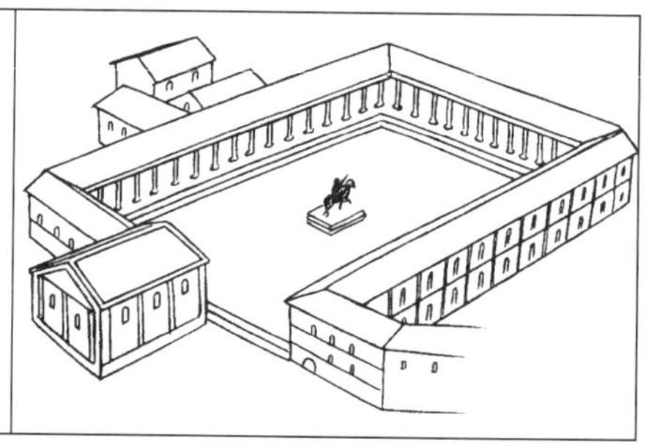

....

2 - L'ÉCOLE GALLO-ROMAINE

Observe ce bas-relief. Écris au bout de chaque flèche où est le maître, où sont les élèves.

....

....

Quelle forme a le livre tenu par l'élève ?

....

Colorie l'outil qu'utilise l'enfant gallo-romain pour écrire.

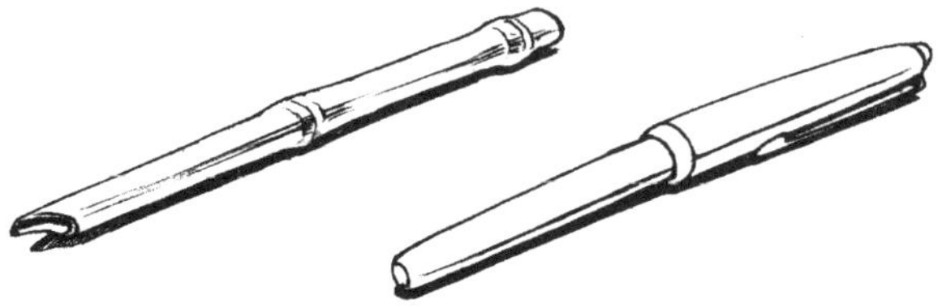

HISTOIRE 3C

NOM : .... DATE : ....

ÉVALUATION : LA GAULE ROMAINE

Appréciation :

1 Réponds aux questions suivantes :

- Comment s'appellent les soldats de l'armée romaine ? ....

....

- À quel spectacle assistent les Gallo-Romains dans les amphithéâtres ? ....

....

2 Colorie uniquement les constructions que l'on retrouve dans la Gaule romaine.

un aqueduc ▶

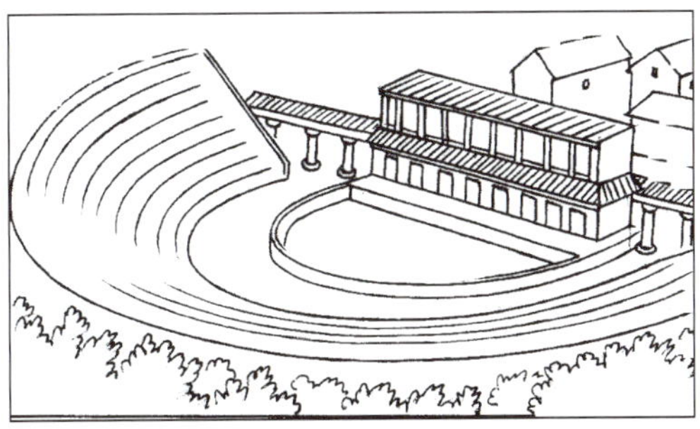

◀ un théâtre

une église ▶

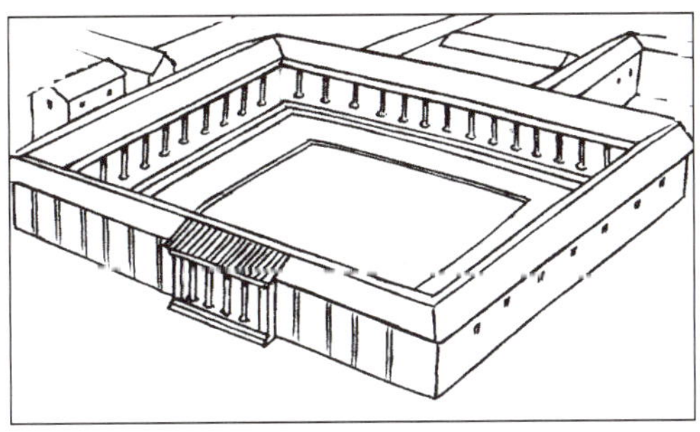

◀ un forum

3 Complète par vrai (V) ou faux (F). Ensuite barre ce qui est faux*.

- Sous la Gaule romaine, les Gaulois deviennent des citoyens romains. ..... ☐
- « *Villae* » était le nom donné aux grandes fermes romaines. .... ☐
- Les routes de la Gaule romaine étaient en très mauvais état. .... ☐
- Les Gallo-Romains utilisent les tonneaux pour transporter le vin. .... ☐
- La paix romaine a duré quatre siècles. .... ☐

* Après correction de l'enseignant.

HISTOIRE 4A

NOM : .... DATE : ....

Clovis, premier roi de France

1 - Le baptême de Clovis

Complète le dessin avec les noms suivants :

Clovis – Clotilde – l'évêque Rémi – les guerriers.

Complète la légende avec les mots : ***498 – Francs – roi.***

Clovis est le premier .... des .... Il a été baptisé par l'évêque de Reims en ....

NOM : .... DATE : ....

Clovis, premier roi de France

1 - Les invasions barbares

Observe la carte. Colorie en rouge la flèche qui montre le déplacement des Huns, en vert celle des Burgondes, en jaune celle des Francs, en bleu celle des Goths.

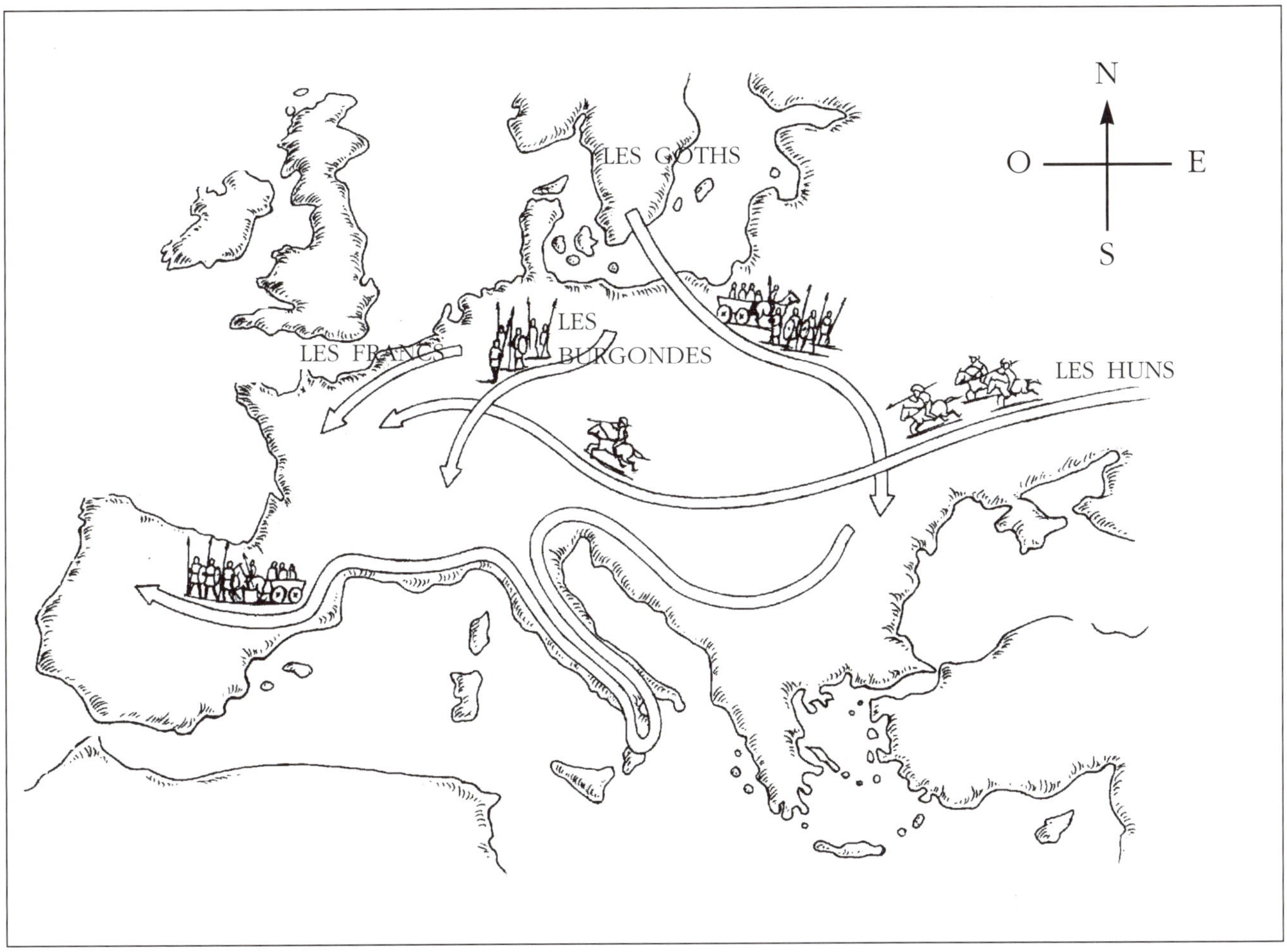

Réponds par vrai (V) ou faux (F).

- Les Huns viennent de l'ouest de l'Europe. .... ☐
- Les Goths viennent du nord de l'Europe. .... ☐
- Les Burgondes viennent de l'est. .... ☐
- Ce sont les Francs qui ont fait le plus long trajet. .... ☐

NOM : .... DATE : ....

ÉVALUATION : CLOVIS, PREMIER ROI DE FRANCE

Appréciation :

1 Comment se nomme le peuple barbare qui a donné son nom à notre pays ?

....

2 Complète :

Clovis a pour épouse .... , princesse chrétienne. Clovis se convertit à la religion .... Il est baptisé à Reims par l'.......................... Rémi.

Sur le dessin, marque Clovis d'une croix, sa femme de deux croix, l'évêque de trois croix. Colorie uniquement le baptistère.

3 Pour chaque phrase, coche la bonne réponse. Puis barre ce qui est faux*.

- Le baptême de Clovis a lieu à Reims

☐ au temps des Gaulois, ☐ au début du Moyen Âge.

- Les Goths, les Francs, les Burgondes et les Huns sont des peuples

☐ barbares, ☐ romains, ☐ gaulois.

- Le peuple de Clovis était le peuple

☐ des Goths, ☐ des Francs, ☐ des Burgondes.

* Après correction de l'enseignant.

NOM : .... DATE : ....

CHARLEMAGNE

1 - UN EMPEREUR

Place les noms suivants sur le dessin :

un globe – une moustache – une épée – une couronne – un manteau.

Colorie le dessin.

Coche la bonne réponse.

Charlemagne est couronné empereur, le jour de Noël :

☐ en l'an 800, ☐ à Paris.

☐ en l'an 700, ☐ à Rome.

NOM : .... DATE : ....

CHARLEMAGNE

1 - Histoire de calendrier !

Au temps de Charlemagne, le calendrier était différent de celui d'aujourd'hui. L'année commençait le 25 décembre. Charlemagne a été couronné empereur le 25 décembre de l'an 800. Ce jour-là était aussi le premier jour de l'an 801.

Complète la frise et colorie uniquement le IXe siècle.

701	8 . .	901	1 001	1 101

2 - Le partage de l'empire de Charlemagne en 843

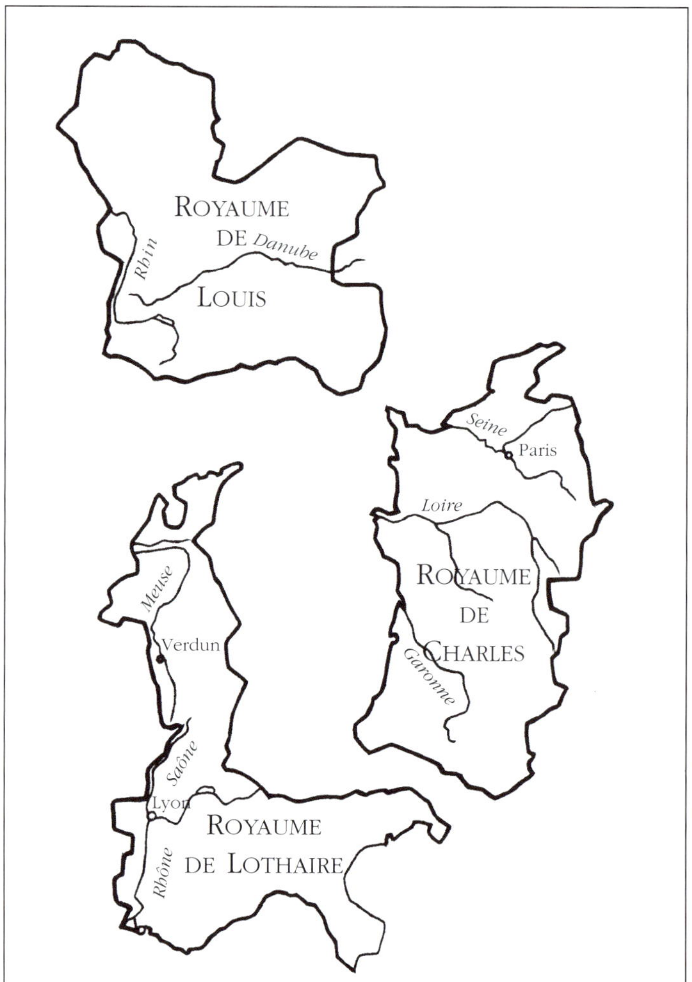

Recherche et complète.

L'empire de .... a été partagé en l'an .... entre ses trois petits-fils : ...., ... et ....

Découpe chacun des trois royaumes dessinés ci-contre et regroupe-les pour reconstituer l'empire de Charlemagne avant 843.

HISTOIRE 5C

NOM : .... DATE : ....

Évaluation : Charlemagne

Appréciation :

1 Regarde la pièce de monnaie ci-dessous.

Que signifie Karolus ?

....

Quels signes montrent que Charlemagne est empereur ?

....

....

2 Colorie la flèche qui correspond à la bonne réponse.

- Charlemagne devient empereur en ⇨ 800. / ⇨ 900. / ⇨ 850.
- Charlemagne ⇨ agrandit son royaume par de nouvelles conquêtes. / ⇨ ne fait aucune conquête.
- Charlemagne devenu empereur ⇨ a le même pouvoir qu'un roi. / ⇨ est supérieur aux rois.

3 Réponds par vrai (V) ou faux (F).

- Charlemagne a rendu l'écriture facile à lire. .... ☐
- Charlemagne ne surveille pas les territoires de son royaume. .... ☐
- L'empire de Charlemagne a duré un siècle. .... ☐
- Charlemagne impose les mêmes poids et les mêmes monnaies dans tout son empire. .... ☐

HISTOIRE 6A

NOM : .... DATE : ....

AU TEMPS DES CHÂTEAUX FORTS

1 - LE CHÂTEAU FORT ET SA VILLE

Place les mots suivants sur le dessin :

la ville haute – la ville basse – la campagne – le donjon – l'église.

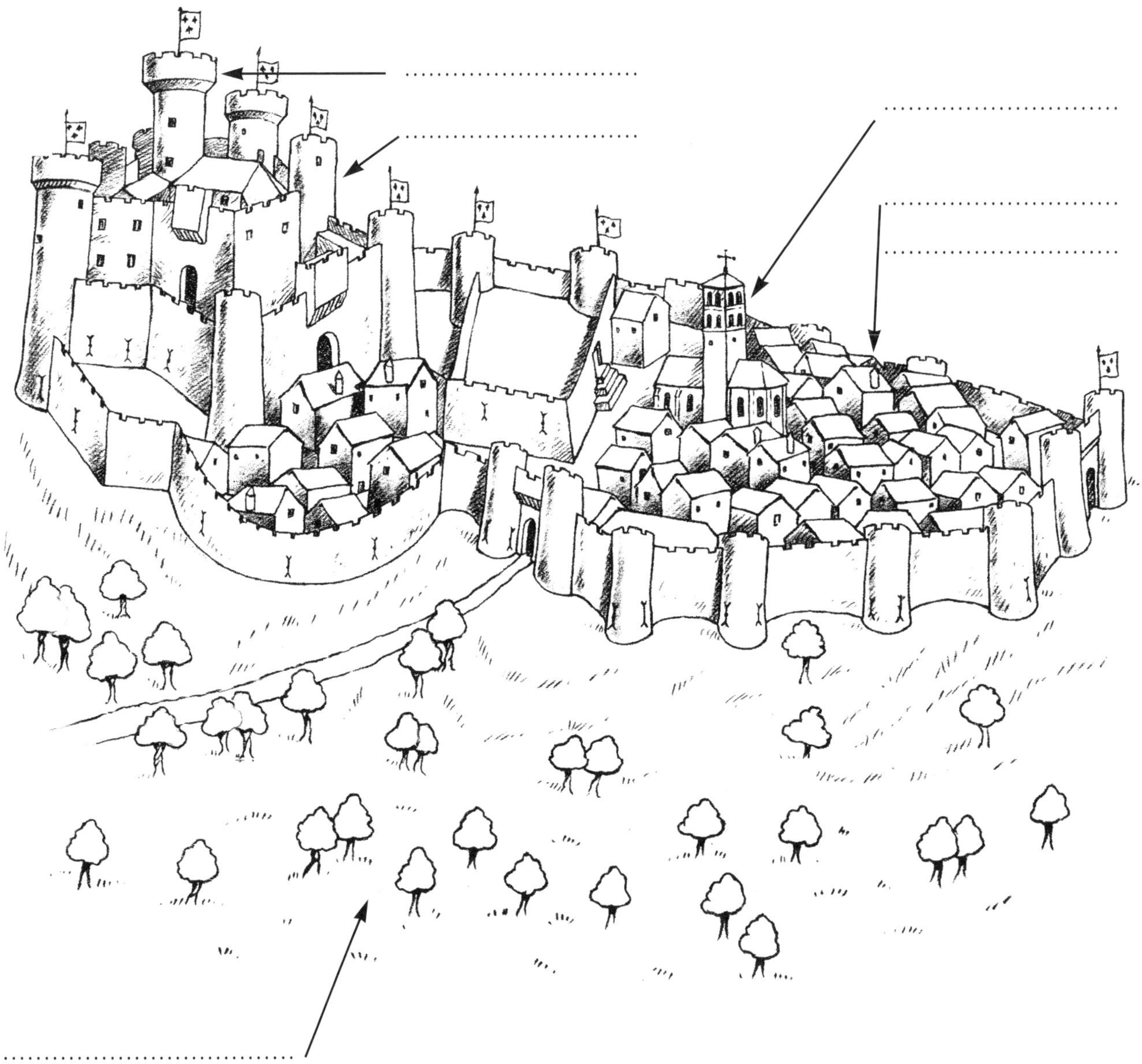

Complète la phrase suivante avec les mots : ***seigneurs – milliers – Moyen Âge.***

Au .... , les riches .... contruisent des châteaux forts par ....

HISTOIRE 6B

NOM : .... DATE : ....

AU TEMPS DES CHÂTEAUX FORTS

1 - À L'ABRI DES MURAILLES

Observe les vignettes ci-dessous, puis retrouve-les et inscrit leur nom sur le dessin du château fort.

mâchicoulis

tour d'angle

courtine

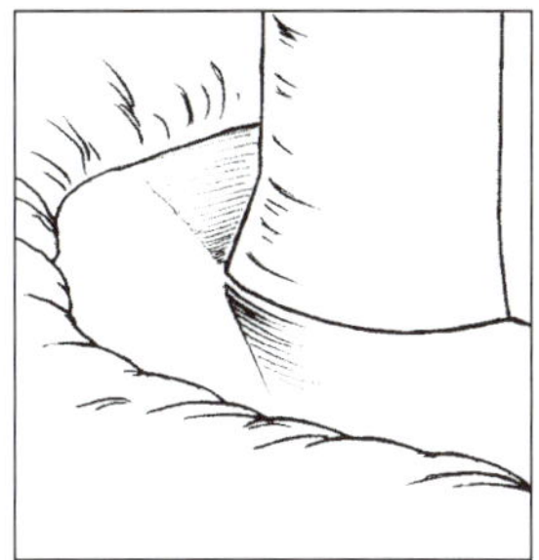

fossé

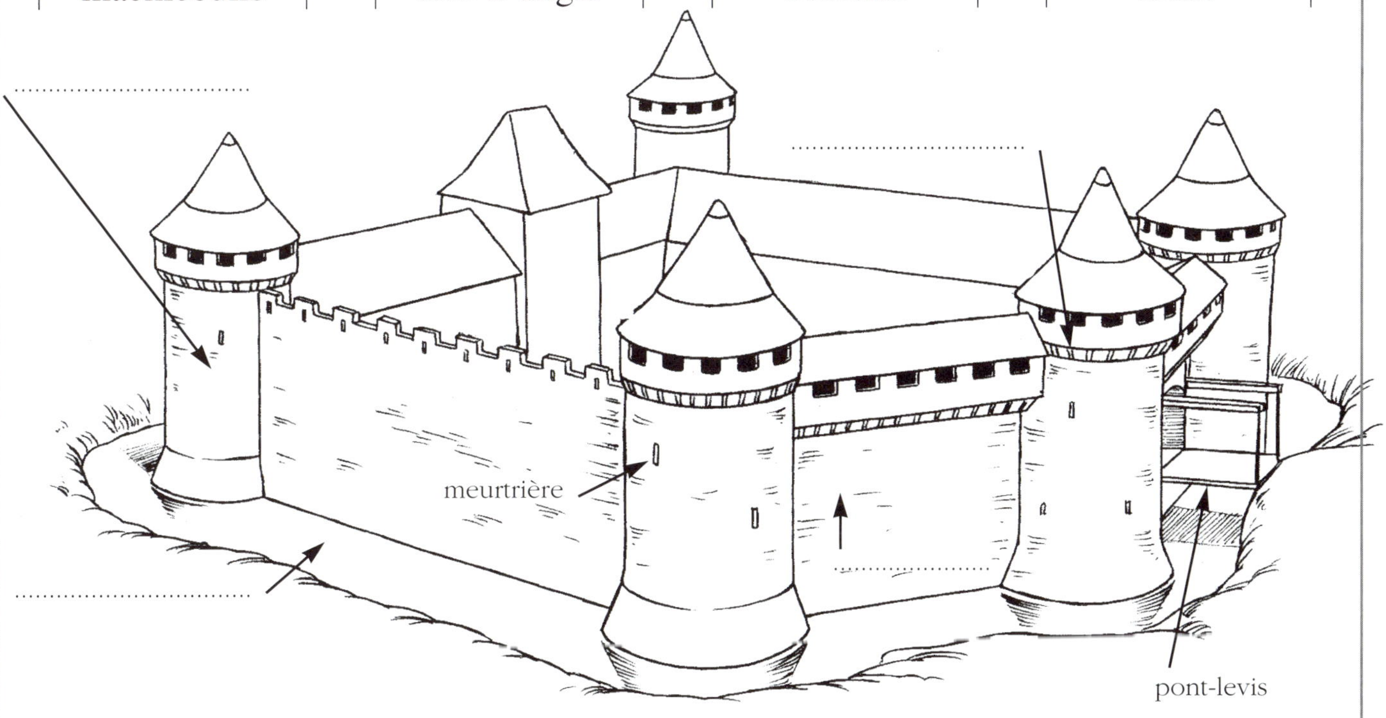

2 - LES BLASONS DES MÉTIERS

Écris sous chaque blason le nom du métier correspondant :

un chaussetier – un teinturier – un tailleur – un meunier.

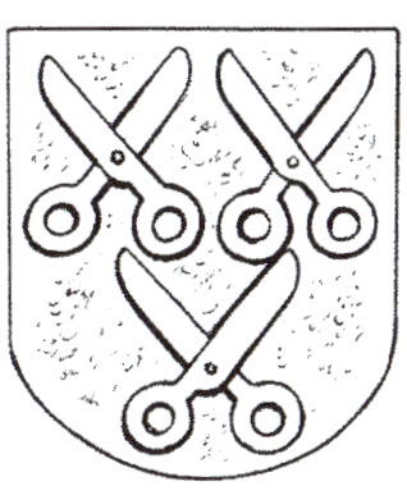

....

HISTOIRE 6C

NOM : .... DATE : ....

ÉVALUATION : AU TEMPS DES CHÂTEAUX FORTS

Appréciation :

1 Réponds aux questions suivantes :

- Comment s'appellent les terres et les villages dominés par un seigneur ?

....

- À quelle période de l'histoire les châteaux forts ont-ils été construits ?

....

- Pourquoi les seigneurs construisent-ils des châteaux forts ?

....

2 Réponds par vrai (V) ou faux (F). Ensuite barre ce qui est faux*.

- Le paysan cuit son pain chez lui. .... ☐
- Seul le seigneur possède son moulin. .... ☐
- Les seigneurs font obéir les paysans des villages alentour. .... ☐
- Les rois reprendront le pouvoir des seigneurs facilement et rapidement. .. ☐
- Au temps des châteaux forts, les seigneurs n'obéissent plus au roi. .... ☐

3 Dessine une scène qui montre le pouvoir du seigneur sur ses paysans.

* Après correction de l'enseignant.

HISTOIRE 7A

NOM : .... DATE : ....

FRANÇOIS IER, UN ROI CHEVALIER

1 - FRANÇOIS IER À CHEVAL

Place les mots suivants sur le dessin :

un gantelet – un plastron – une genouillère – une cuissarde – un brassard.

Colorie le dessin.

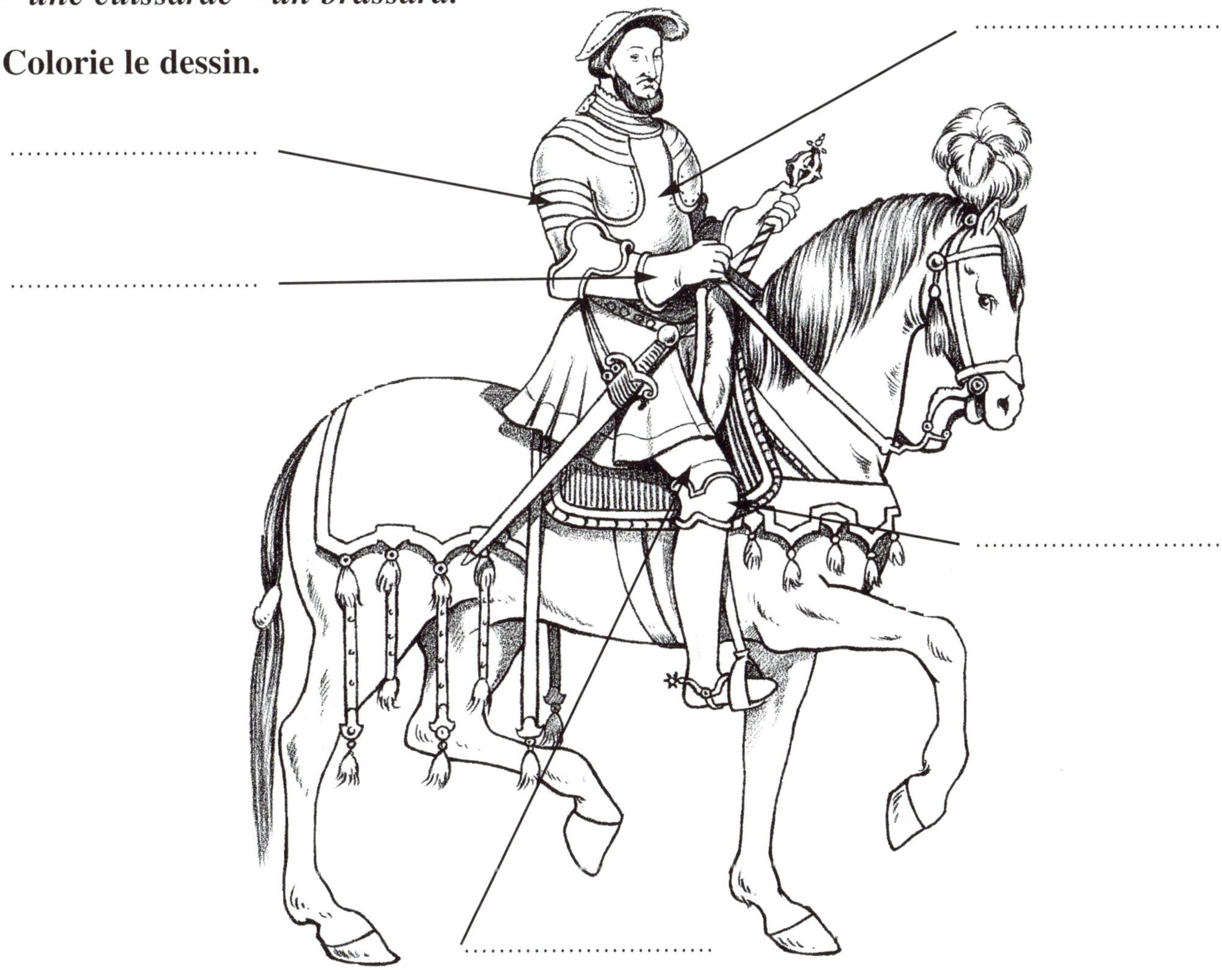

Le corps du roi n'est pas entièrement protégé. Colorie la partie de l'armure qui lui manque.

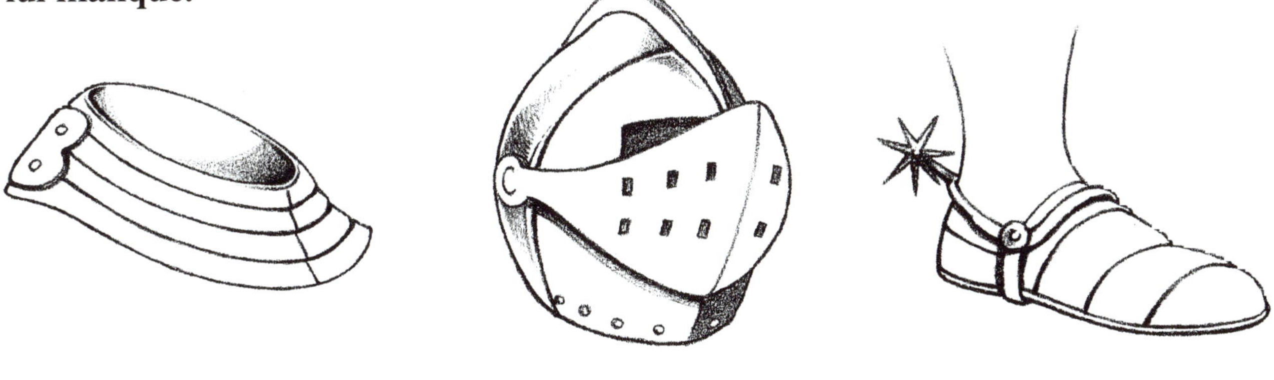

NOM : .... DATE : ....

FRANÇOIS Ier, UN ROI CHEVALIER

1 - Un tableau célèbre

Réponds aux questions suivantes :

- Comment s'appelle ce tableau ?

....

- Qui l'a peint ?

....

- Qui l'a reçu en cadeau ?

....

2 - Les châteaux du Moyen Âge et de la Renaissance

Observe les deux châteaux : le château fort d'Angers construit pendant le Moyen Âge et celui d'Azay-le-Rideau, bâti sous la Renaissance.

◀ Château fort d'Angers 1250

Azay-le-Rideau 1510 ▶

Compare et écris ce qui ressemble ou diffère dans :

- les fenêtres : ....

....

- les murs : ....

....

HISTOIRE 7C

NOM : .... DATE : ....

ÉVALUATION : FRANÇOIS Ier, UN ROI CHEVALIER

Appréciation :

1 Choisis la (ou les) bonne(s) réponse(s) pour chaque phrase.

- François Ier fait construire les châteaux de

  ☐ Versailles, ☐ Blois, ☐ Chambord.

- La période où vivait François Ier s'appelle

  ☐ le Moyen Âge, ☐ la Renaissance, ☐ l'époque contemporaine.

- François Ier termine ses ordres par les mots :

  ☐ « Car tel est notre bon plaisir. » ☐ « C'est légal parce que je le veux. »

  ☐ « Par la miséricorde de Dieu. »

- François Ier oblige les juges à écrire les jugements

  ☐ en français, ☐ en latin.

- François Ier entreprend

  ☐ peu de réformes, ☐ de nombreuses réformes.

2 Retrouve le symbole du roi François Ier et colorie-le.

3 Complète les phrases suivantes :

François Ier est roi de France de 1515 à 1547 : son règne dure .... ans. Il remporte contre les Suisses, en 1515, la bataille de .... Il livre de nombreuses guerres contre l'empereur ....

NOM : .... DATE : ....

Louis XIV, le Roi-Soleil

1 - Louis XIV en habit d'hiver

Place les mots suivants sur le dessin :

des dentelles – un manteau de drap en laine – une épée – un collet – un jabot – des bas – une perruque – des souliers – un chapeau à plumes.

Colorie le dessin.

NOM : .... DATE : ....

Louis XIV, le Roi-Soleil

1 - L'emblème de Louis XIV

Observe le dessin et réponds aux questions suivantes :

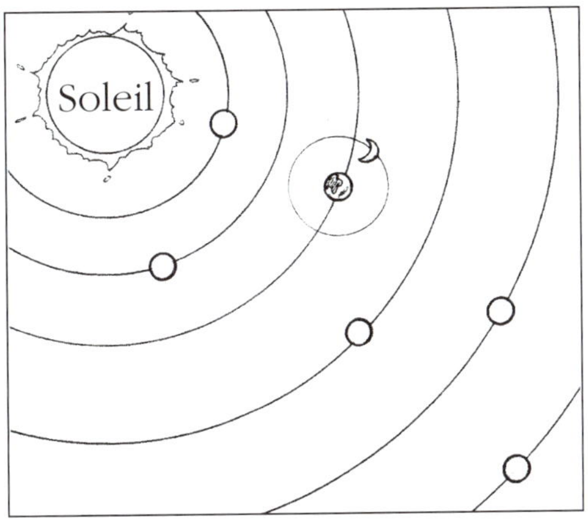

- Autour de quel astre tournent les planètes ?

....

- À ton avis, pourquoi Louis XIV a-t-il choisi le Soleil comme symbole ? ....

....

- Dessine le symbole de Louis XIV.

2 - Un homme célèbre

Qui était Molière ? ....

En t'aidant du dictionnaire, donne le nom de deux pièces de théâtre écrites par Molière : ....

....

Sais-tu ce qu'est un malade imaginaire ? ....

....

3 - Les paysans au XVIIe siècle

Entoure les mots qui correspondent au costume de la paysanne.

toile dentelle

corsage

soie coiffe

perruque

jupon

chaussure à boucle d'argent

NOM : .... DATE : ....

ÉVALUATION : LOUIS XIV, LE ROI-SOLEIL

Appréciation :

1 Trouve les noms cachés (une lettre par case).

- On l'appelle le Roi-Soleil.

☐☐☐☐☐ ☐☐☐

- Il fut le principal ministre de Louis XIV.

☐☐☐☐☐☐☐

- La cour du roi vécut dans ce château à partir de 1682.

☐☐☐☐☐☐☐☐☐☐

- Ces fonctionnaires représentaient le roi en province.

☐☐☐☐☐☐☐☐☐☐

2 Réponds par vrai (V) ou faux (F). Ensuite barre ce qui est faux*.

- Le règne de Louis XIV dure moins de 50 ans. .... ☐
- Le roi fait de nouvelles lois pour bien organiser et surveiller son pays. ... ☐
- Les intendants du roi s'occupent des impôts. .... ☐
- Louis XIV veut dominer les autres nations d'Europe. .... ☐

3 Louis XIV aime les arts et protège les artistes.
Colorie le comédien qui a été son ami.

Colbert

Molière

* Après correction de l'enseignant.

HISTOIRE 9A

NOM : .... DATE : ....

LA RÉVOLUTION FRANÇAISE

1 - LA PRISE DE LA BASTILLE EN 1789

Place les mots suivants sur le dessin :

les soldats – un bourgeois – un abbé – un sans-culotte.

Colorie le dessin.

NOM : .... DATE : ....

LA RÉVOLUTION FRANÇAISE

1 - UNE SOCIÉTÉ DIVISÉE

Avant la Révolution française, la société était divisée en trois groupes (ordres). Relie par une flèche chaque homme à l'ordre auquel il appartient.

boulanger •	• noblesse •	• évêque
abbé •	• clergé •	• médecin
marquis •	• Tiers État •	• paysan

2 - UNE FRISE CHRONOLOGIQUE

Observe la frise de la Révolution. Complète les dates. Colorie l'année 1789 en rouge, 1790 en orange, 1791 en jaune, 1792 en vert et 1793 en bleu.

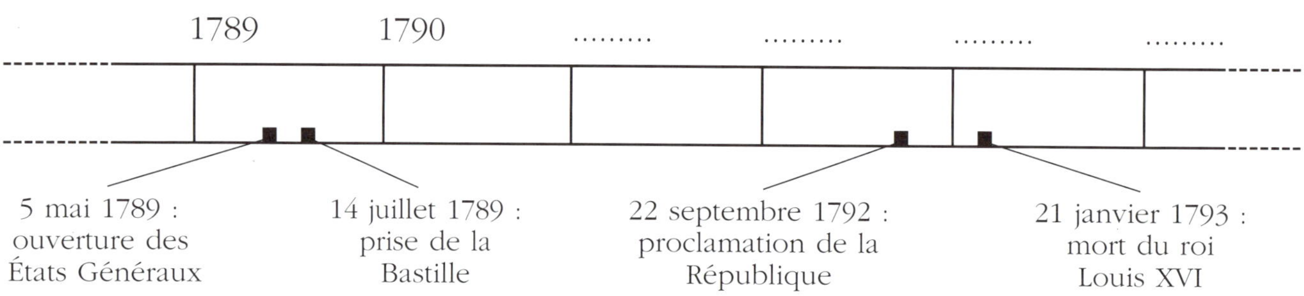

Numérote les vignettes par ordre chronologique de 1 à 4.

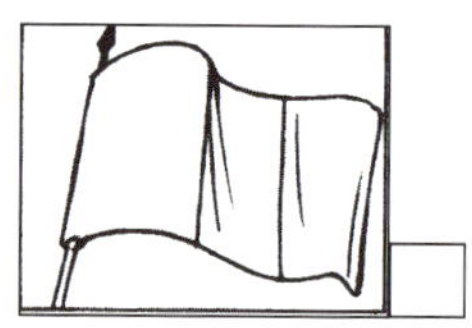

3 - LES SYMBOLES DE LA RÉPUBLIQUE

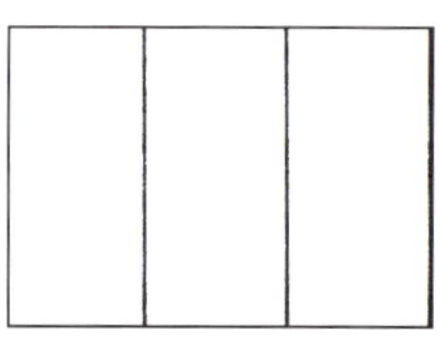

Colorie le drapeau de la République.

Écris le titre de l'hymne de la République.

....

Écris la devise de la République.

....

....

....

HISTOIRE 9C

NOM : .... DATE : ....

ÉVALUATION : LA RÉVOLUTION FRANÇAISE

Appréciation :

1 **Barre les mots qui ne correspondent pas à la période de la Révolution :**

un sans-culotte – les cahiers de doléances – un forum – la Marseillaise – les États Généraux – le Roi-Soleil – le Tiers État – Charlemagne – la Bastille – le serment du Jeu de Paume.

2 **Relie par une flèche chaque dessin au nom du groupe qui lui correspond.**

la noblesse	***le Tiers État***	***le clergé***

3 **Cite trois symboles de la République française, créés au temps de la Révolution.**

- ....
- ....
- ....

4 **Que fêtons-nous chaque année, le 14 juillet ?**

....

NOM : .... DATE : ....

Napoléon Ier, empereur des Français

1 - Napoléon Ier, empereur

Place les mots suivants sur le dessin :

une main de justice – un sceptre – une abeille – un aigle – un trône – une couronne de lauriers.

HISTOIRE 10B

NOM : .... DATE : ....

NAPOLÉON IER, EMPEREUR DES FRANÇAIS

1 - LES RÉFORMES DE NAPOLÉON IER

Écris le nom de chaque réforme de Napoléon Ier sous le dessin qui correspond :
la Légion d'honneur – le Code civil – le lycée impérial.

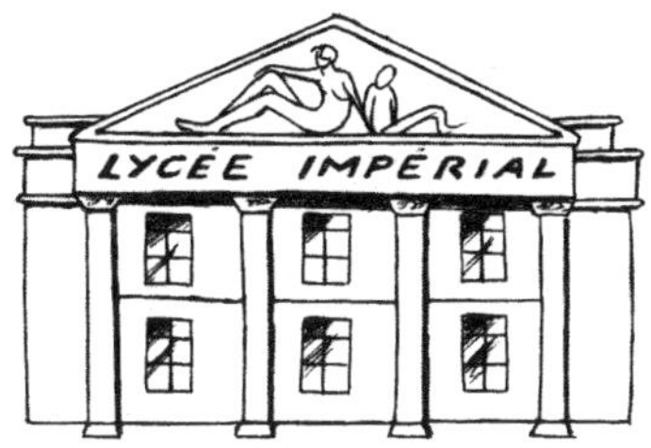

....

2 - LES BATAILLES DE NAPOLÉON IER

Observe la carte des grandes batailles napoléoniennes.
Complète-la avec les noms suivants : ***Iéna – Waterloo – Austerlitz.***
Recherche dans ton dictionnaire et écris après le nom de chaque ville [D] si c'est une défaite ou [V] si c'est une victoire de Napoléon et de ses troupes.

W............................ [ ] I............................ [ ] A............................ [ ]

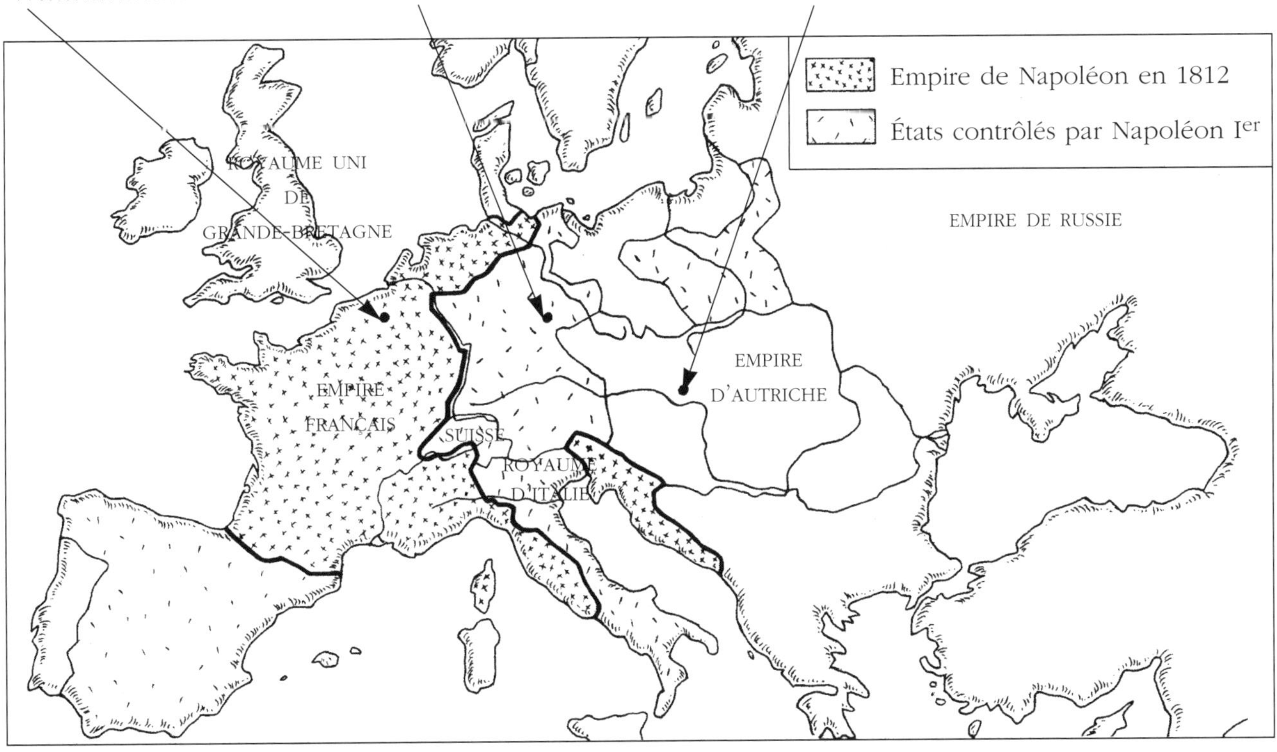

NOM : ....   DATE : ....

ÉVALUATION : NAPOLÉON Iᴱᴿ, EMPEREUR DES FRANÇAIS

Appréciation :

1 Parmi ces symboles, retrouve ceux de l'empereur Napoléon Ier.
Coche les bonnes réponses.

 ☐

 ☐

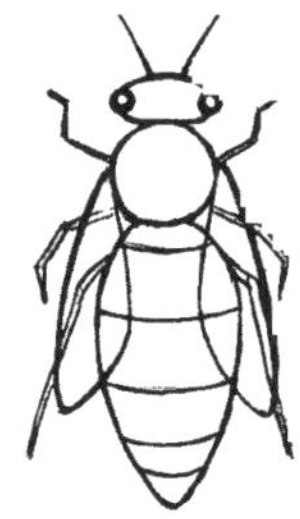 ☐

2 Réponds par vrai (V) ou faux (F). Ensuite barre ce qui est faux*.

- Napoléon Ier est sacré à Rome. .... ☐
- Napoléon Ier se couronne lui-même lors de son sacre. .... ☐
- Napoléon Ier est couronné en 1804. .... ☐
- Napoléon Ier est emprisonné par les Anglais sur l'île de Sainte-Hélène. ..... ☐
- Napoléon Ier meurt à Ajaccio. .... ☐

3 Écris trois grandes réformes de Napoléon Ier.

- ....
- ....
- ....

4 Relie par des flèches les éléments qui vont ensemble.

Waterloo •	• 1805 •	• victoire
Austerlitz •	• 1815 •	• défaite

* Après correction de l'enseignant.

NOM : .... DATE : ....

LE SIÈCLE DU CHARBON ET DE L'ACIER

1 - DANS LA MINE

Observe le dessin. Décris la manière dont le cheval est descendu au fond de la mine.

....

....

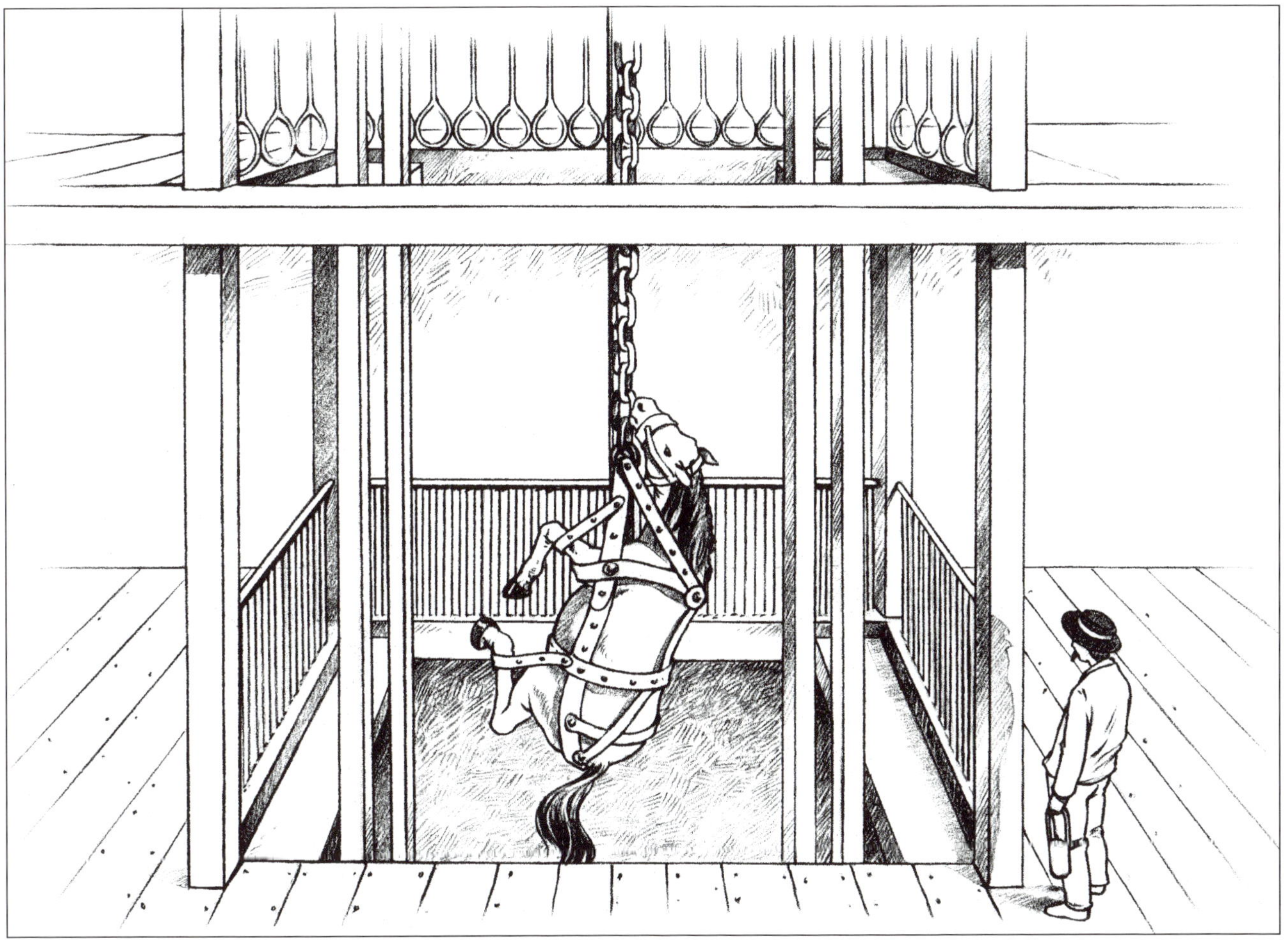

Lis le texte puis réponds à la question.

… il vit passer contre sa face un gros cheval blanc, attelé à un train de berline*… C'était Bataille, le doyen de la mine, un cheval blanc qui avait dix ans de fond. La voie où il travaillait avait fini par lui être si familière qu'il poussait de la tête les portes d'aération, et qu'il se baissait afin de ne pas se cogner aux endroits trop bas.

D'après Zola, *Germinal*

• Qui est Bataille ? Quel est son travail dans la mine ?

....

* berline : wagonnet.

NOM : .... DATE : ....

LE SIÈCLE DU CHARBON ET DE L'ACIER

1 - De Paris à Lyon

Paris – Lyon
au temps de la
marche à pied :
20 jours.

Paris – Lyon
au temps des
diligences :
5 jours.

Paris – Lyon
au temps des
premières machines
à vapeur : 20 heures.

Paris – Lyon
au temps du
TGV :
2 heures.

Quels changements les nouveaux moyens de transport ont-ils apporté à la vie des hommes ?

....

....

2 - Frise chronologique

Complète la frise chronologique. Colorie en jaune le rectangle qui représente les années 1850 - 1860, en rouge celui des années 1870 - 1880.

1800	......	......	......	......	1850	......	......	......	......	1900

1829 : machine
à vapeur

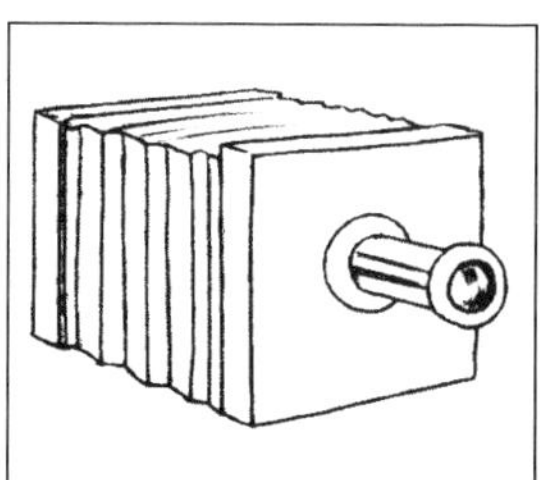

1844 : invention
de la photographie

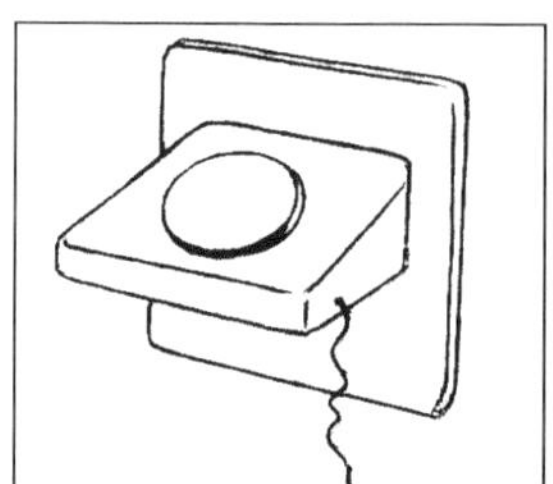

1878 :
téléphone

Relie par une flèche chaque objet à son année d'invention, sur la frise.

NOM : .... DATE : ....

ÉVALUATION : LE SIÈCLE DU CHARBON ET DE L'ACIER

Appréciation :

1 Complète la grille en t'aidant des définitions et des dessins

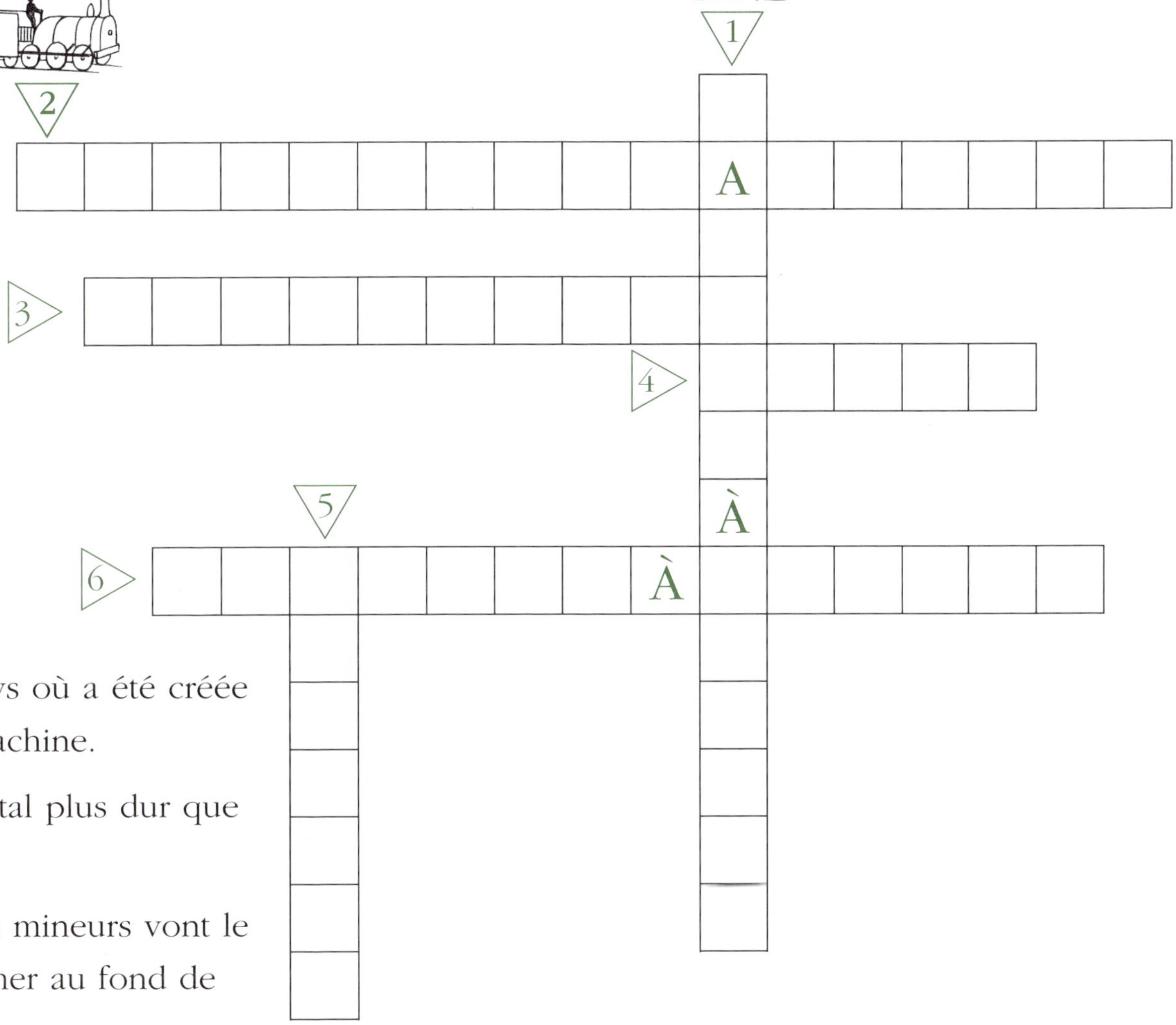

3 ▷ Pays où a été créée cette machine.

4 ▷ Métal plus dur que le fer.

5 ▷ Les mineurs vont le rechercher au fond de la mine.

6 ▷ Cette machine révolutionne la vie des hommes au XIXe siècle.

2 Décris les conditions de vie des ouvriers au XIXe siècle.

....

....

....

NOM : .... DATE : ....

L'ENFER DES TRANCHÉES

1 - La vie quotidienne des soldats dans les tranchées

Place sur la maquette les numéros correspondants :

① *des fils de fer barbelé* ③ *des armes* ⑤ *des poilus*

② *des feuillées (W.C.)* ④ *des abris* ⑥ *des miches de pain*

Complète la légende avec les mots suivants :

les poilus – des tranchées – Première Guerre mondiale.

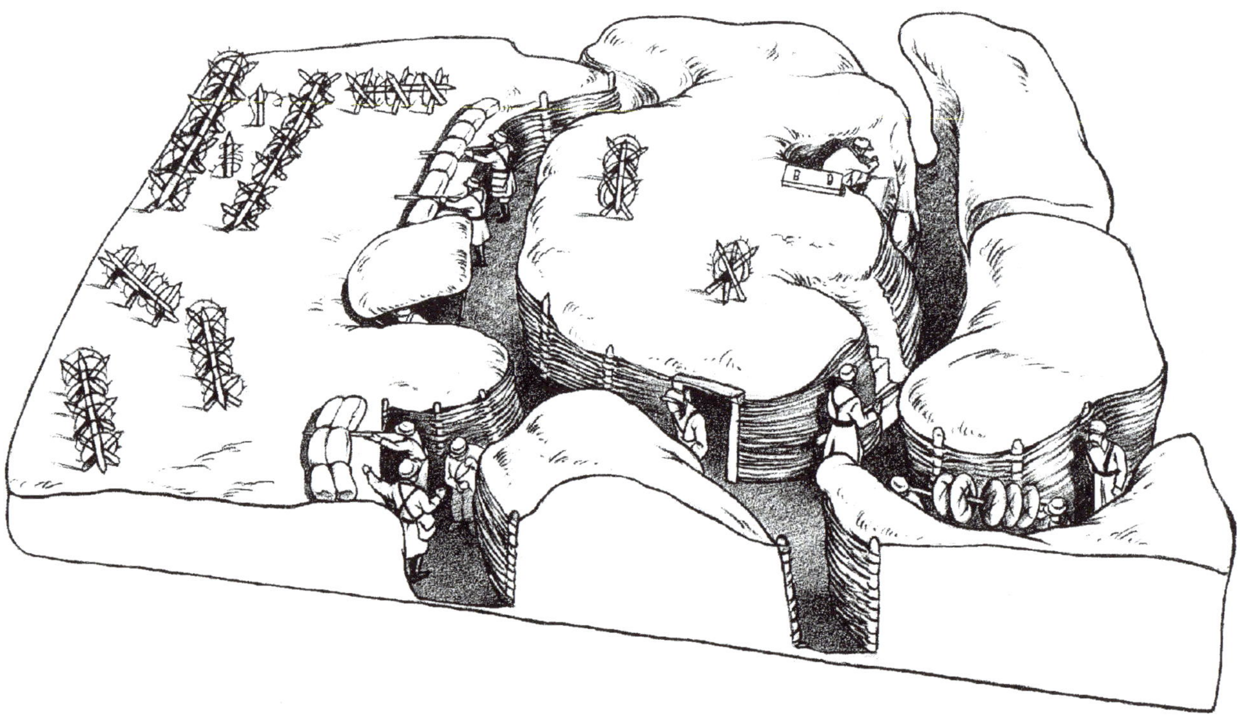

Pendant la .... (1914 - 1918), les soldats, appelés .... creusent .... pour se protéger.

2 - Alliés ou ennemis ?

Colorie en bleu les alliés de la France, en rouge ses ennemis.

Russie	***Allemagne***	***États-Unis***	***Angleterre***	***Autriche-Hongrie***

NOM : .... DATE : ....

L'ENFER DES TRANCHÉES

1 - La guerre dure longtemps

Observe la frise chronologique.

3 août 1914	*21 février 1916*	*6 avril 1917*	*11 novembre 1918*
L'Allemagne déclare la guerre à la France.	*Début de la bataille de Verdun.*	*Les États-Unis déclarent la guerre à l'Allemagne.*	*Signature de l'armistice avec l'Allemagne.*

À l'aide de la frise, complète les légendes des photos ci-dessous.

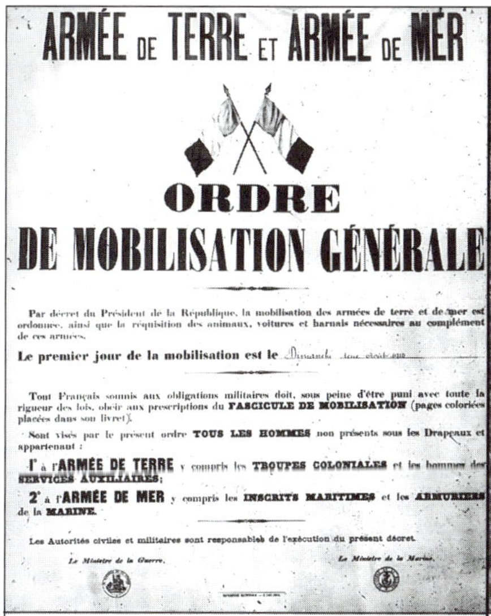

déclaration de la guerre	bataille de Verdun	armistice
La Première Guerre mondiale éclate le 3 .... 19..... . Elle oppose de nombreux pays. Les principaux sont l'A.................. et la F.................. .	Les Allemands envahissent le nord et l'est de la France. En février 1916 débute la bataille de	Les combats cessent à la signature de l'..............................., le .... 19....... .

NOM : .... DATE : ....

ÉVALUATION : L'ENFER DES TRANCHÉES

Appréciation :

1 Entoure en bleu les pays alliés de la France lors de la Première Guerre mondiale.

Allemagne – États-Unis – Russie – Angleterre – Autriche-Hongrie.

2 Dans chaque phrase, coche la bonne réponse.

- La Première Guerre mondiale débute en ☐ 1940, ☐ 1914.
- Elle se termine en ☐ 1918, ☐ 1930, ☐ 1940, ☐ 1944.
- La Première Guerre mondiale oppose ☐ deux pays, ☐ plus de deux pays.
- Cette guerre a fait ☐ 1 300 morts français, ☐ 130 000 morts français, ☐ 1 300 000 morts français.
- Elle dure ☐ 4 mois, ☐ 4 ans, ☐ 100 ans.

3 Complète la grille de mots croisés.

1 Abri des soldats pendant la Première Guerre mondiale.

2 Un grand pays allié à la France pendant la Première Guerre mondiale.

3 Surnom donné aux combattants de la Première Guerre mondiale.

4 Fin des combats.

5 La plus longue bataille de la Première Guerre mondiale.

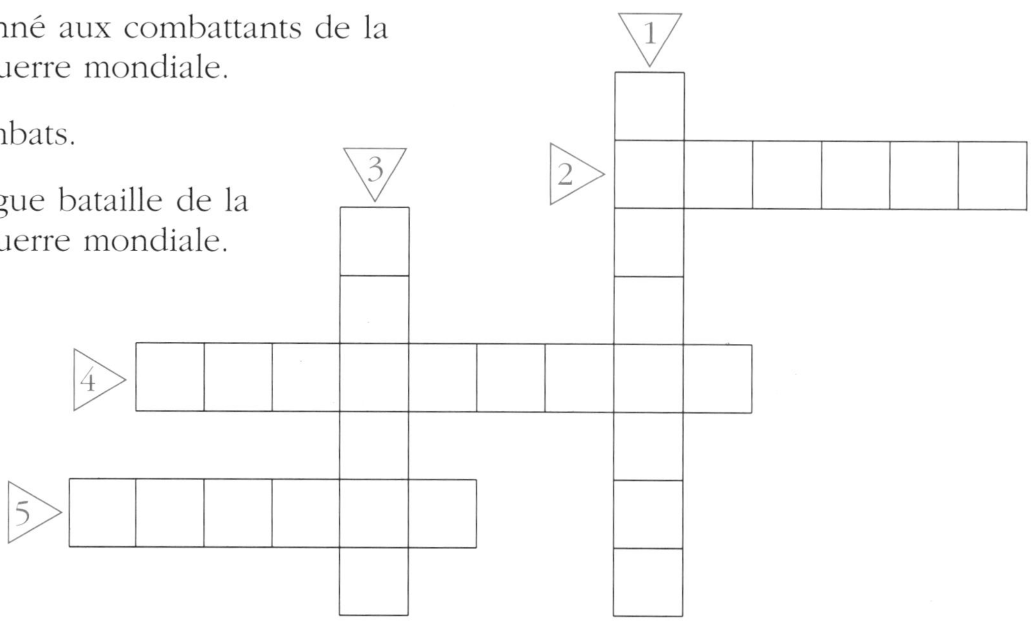

NOM : .... DATE : ....

GUERRE ET PAIX

1 - LA LIBÉRATION

Observe le dessin puis complète la phrase ci-dessous à l'aide des mots suivants :

prisonniers allemands – vainqueurs – soldats américains – Parisiens fêtent la victoire.

Des .... sont chargés de conduire les camions.

Le camion est rempli de ....

Les .... et acclament les ....

2 - RÉSISTANCE, DÉPORTATION ET LIBÉRATION

Relie chaque mot à sa photo et à sa légende.

résistance	déportation	libération

camp de déportés

délivrance de la France

lutte des Français contre les occupants

NOM : .... DATE : ....

Guerre et paix

1 - Les drapeaux de l'Union européenne

Le 31 décembre 1994, 12 pays faisaient partie de l'Union européenne. Colorie leurs drapeaux en t'aidant d'un dictionnaire. Écris le nom de chaque pays.

....

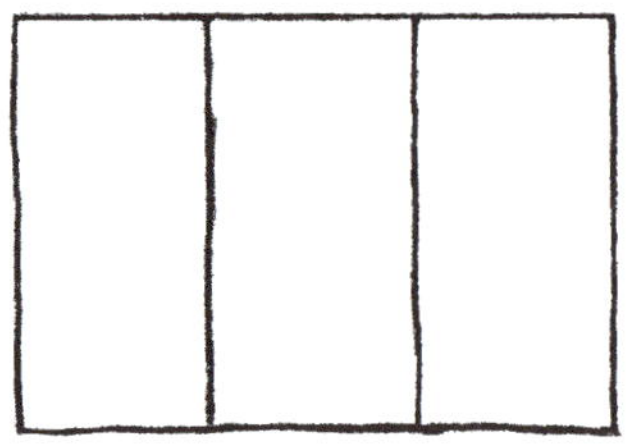

....

....

....

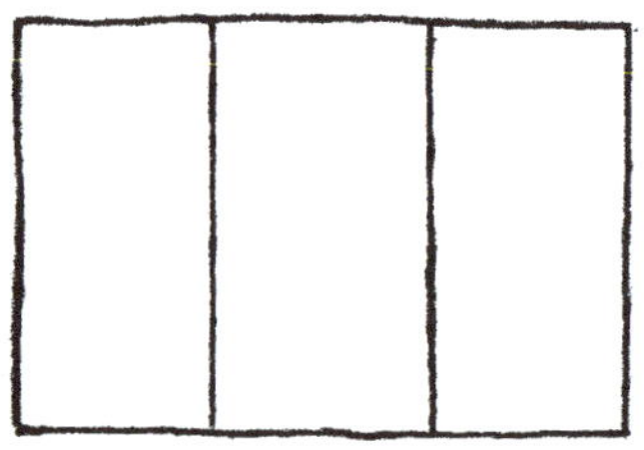

....

....

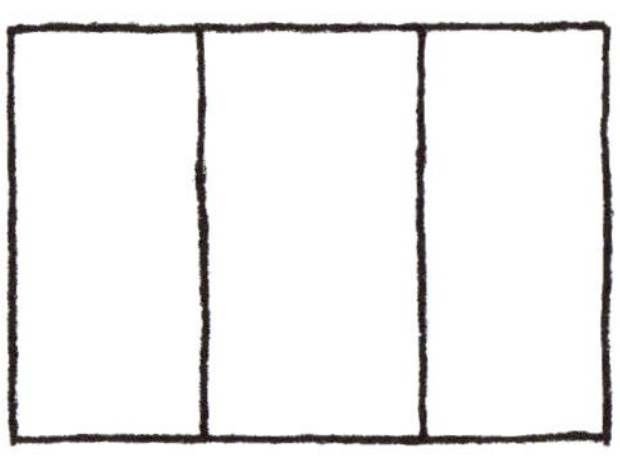

....

....

....

....

....

....

Depuis 1994, de nouveaux pays sont entrés dans l'Union européenne.

Écris leur nom. Tu peux t'aider en cherchant dans le dictionnaire. ....

....

HISTOIRE
13C

NOM : .... DATE : ....

ÉVALUATION : GUERRE ET PAIX

Appréciation :

1 Souligne en vert les pays alliés et en rouge les pays ennemis de la France pendant la Deuxième Guerre mondiale.

Angleterre – Allemagne – Russie – États-Unis.

2 Pour chaque question coche la ou les bonne(s) réponse(s). Ensuite barre ce qui est faux*.

- Quel est le général français qui a lancé un appel à la Résistance, à Londres, le 18 juin 1940 ?

☐ Général Leclerc ☐ Général de Gaulle

- Qui a dirigé l'Allemagne pendant la Deuxième Guerre mondiale ?

☐ Helmut Kohl ☐ Hitler ☐ Gutenberg

- Quel est le traité qui a donné naissance, en 1992, à l'Union européenne ?

☐ Le traité de Versailles ☐ le traité de Verdun ☐ le traité de Maastricht.

- Quelles sont les difficultés que la France rencontre de nos jours ?

☐ le sida ☐ la drogue ☐ l'esclavage ☐ la pollution

☐ le chômage ☐ la famine ☐ les invasions ☐ la désertification

* Après correction de l'enseignant.

3 Numérote ces images dans l'ordre chronologique.

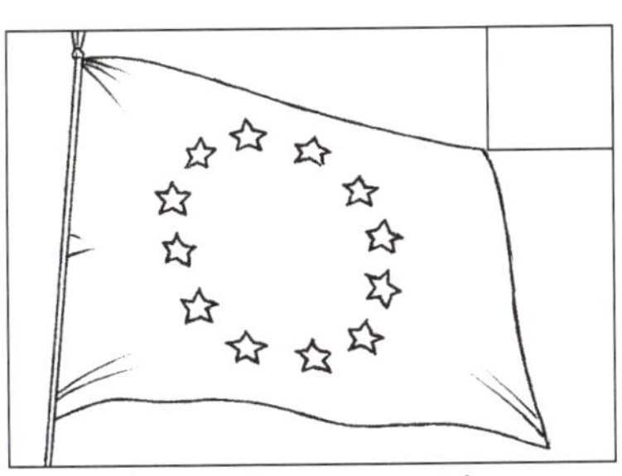
la naissance de l'Europe

le débarquement

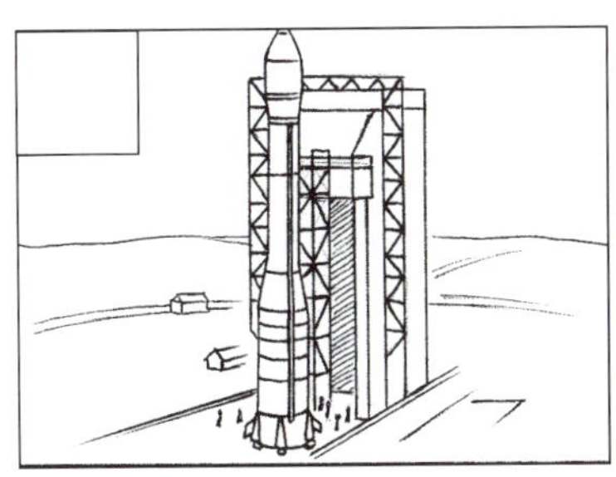
le lancement de la fusée Ariane

Tableau de l'histoire

Matériel

Un rouleau (de type « Sopalin »), les fiches à photocopier, des feutres ou crayons de couleur, de la colle et des ciseaux.

Mode d'emploi

En début d'année :
- Photocopier un exemplaire des pages 51 et 52 pour chaque enfant.
- Faire découper les 40 vignettes qui y figurent.
- Faire marquer le nom ou les initiales de chaque élève au dos de chaque vignette. Chaque élève les regroupera dans une boîte ou une enveloppe qu'il utilisera chaque fois que cela sera nécessaire.

Pendant la leçon 1 « Les peintres de Lascaux » :
- Donner à chaque enfant un rouleau de type « Sopalin » et un exemplaire de la page 49.
- Observer le tableau à double entrée, comprendre son fonctionnement : en haut à droite la période, à gauche le mode de vie (Vie quotidienne et techniques, Habitat et Monuments, Événements et personnages) et la dernière ligne (La région où je vis).
- Faire compléter le tableau avec les vignettes déjà découpées et regroupées dans la boîte (ou l'enveloppe) ainsi qu'avec des dessins, des décalques réalisés par les enfants et des cartes postales qu'il auront trouvées.
- Porter une attention toute particulière à la case « La région où je vis », chaque enfant a toute liberté pour personnaliser son tableau. Exemple : s'il est allé visiter le musée archéologique de Nemours il peut y mettre son ticket d'entrée.

Pour toutes les leçons :
- Distribuer à chaque enfant un exemplaire de la page 50 (non numérotée). Le faire compléter en marquant le titre de la période, en collant les vignettes de la boîte (ou de l'enveloppe), en ajoutant des dessins, des images ou des photos.
- Coller cette feuille à la précédente en mettant de la colle sur la partie hachurée.
- Utiliser le rouleau pour stocker au fur et à mesure le travail.

Exemple :

	1 LES HOMMES DE LA PRÉHISTOIRE **Les peintres de Lascaux**	2 LES PEUPLES DE LA GAULE **Les Gaulois**
VIE QUOTIDIENNE ET TECHNIQUES	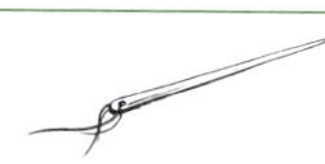	
HABITAT et MONUMENTS	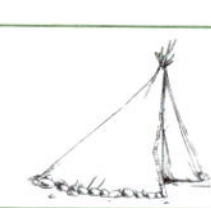	
ÉVÉNEMENTS ET PERSONNAGES		
LA RÉGION OÙ JE VIS		

HISTOIRE	1 LES HOMMES DE LA PRÉHISTOIRE **Les peintres de Lascaux**
VIE QUOTIDIENNE ET TECHNIQUES	
HABITAT et MONUMENTS	
ÉVÉNEMENTS ET PERSONNAGES	
LA RÉGION OÙ JE VIS	

ENCOLLER LA PARTIE HACHURÉE

ENCOLLER LA PARTIE HACHURÉE

Découpe puis colorie chacune des vignettes. Colle-les ensuite sur ton tableau. Le numéro renvoie au numéro de la leçon du *Multilivre*.

1

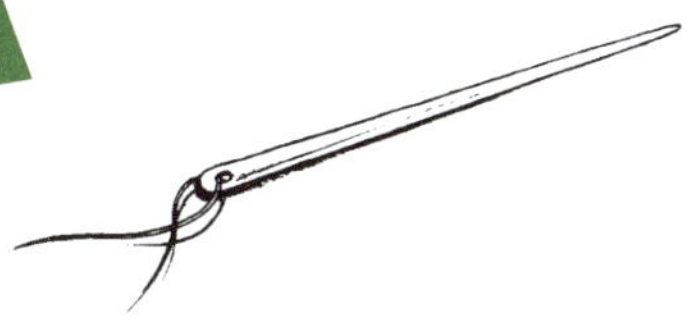

2

3

1

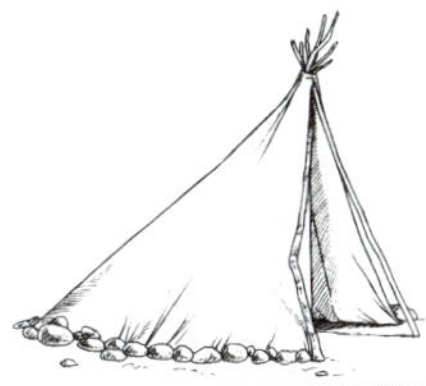

1

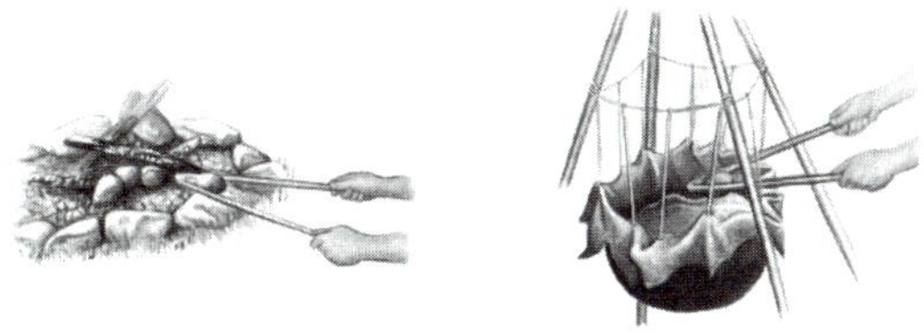

2

2

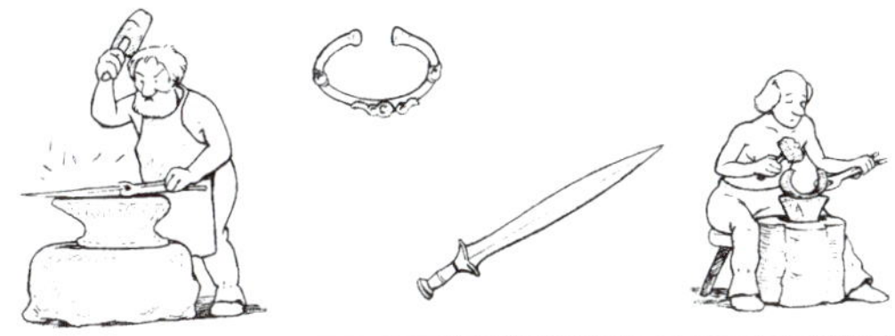

3

3

4

4

4

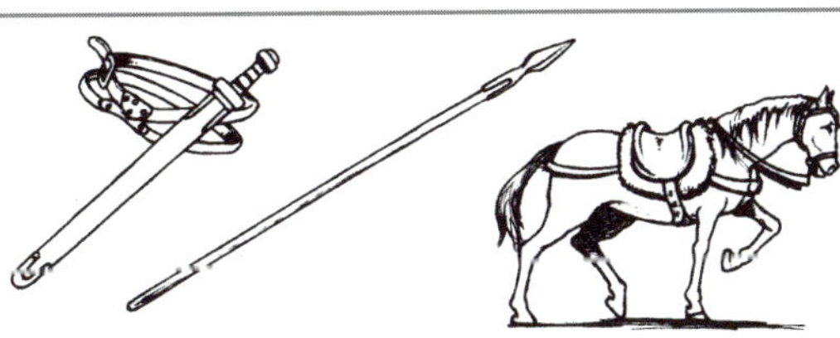

5

5

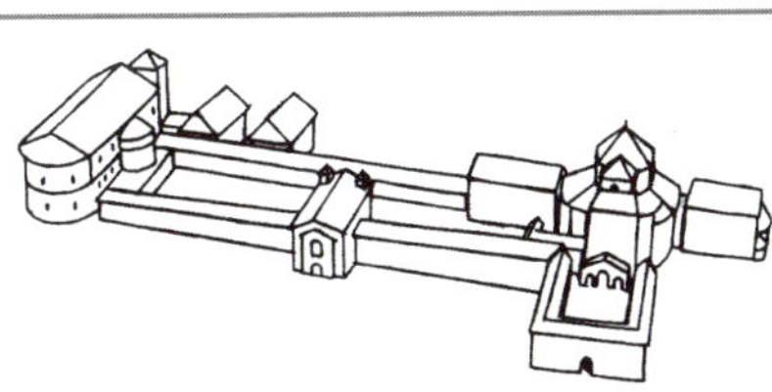

5

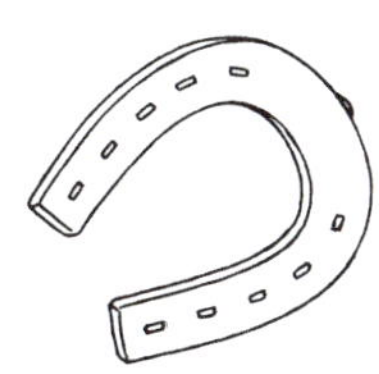

6

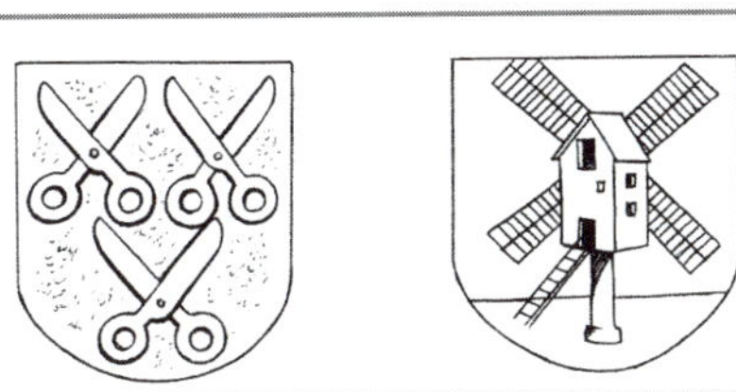

6

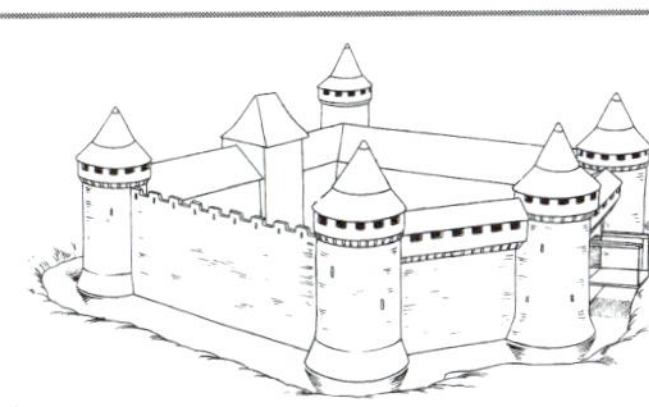

6

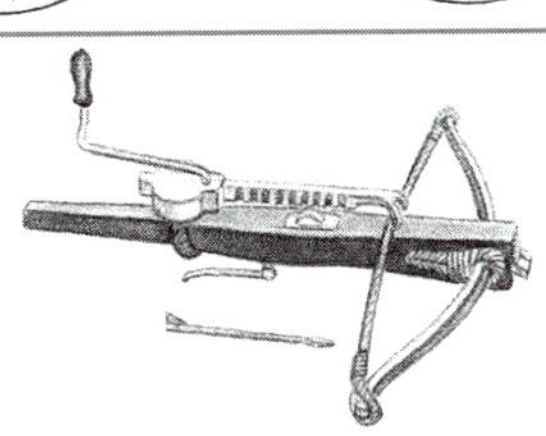

7

Découpe puis colorie chacune des vignettes. Colle-les ensuite sur ton tableau. Le numéro renvoie au numéro de la leçon du *Multilivre*.

7

8

9

7

8

8

9

9

10
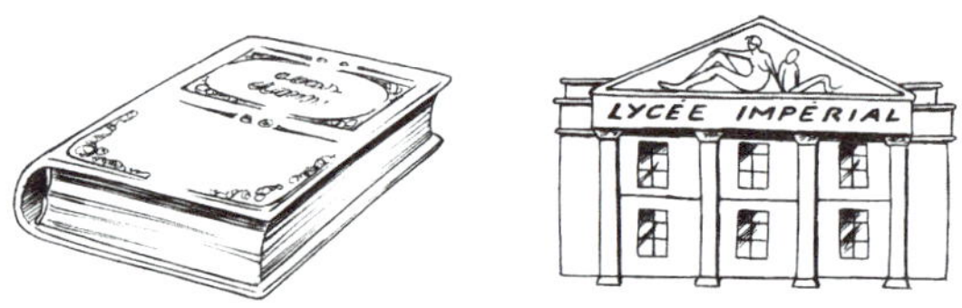

10

10
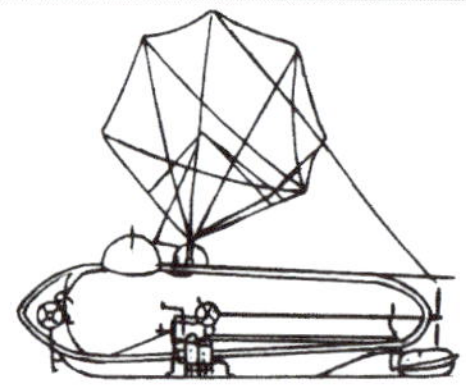

11
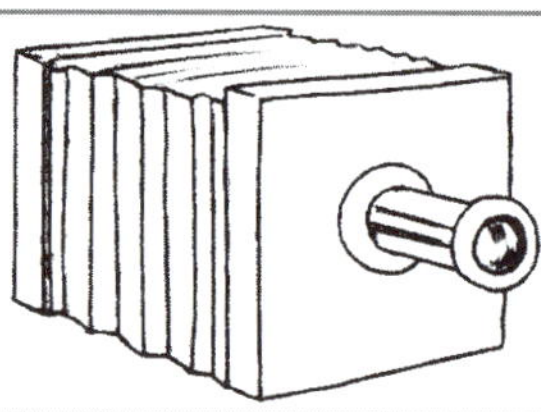

11

11

12

12

12

13

13

13
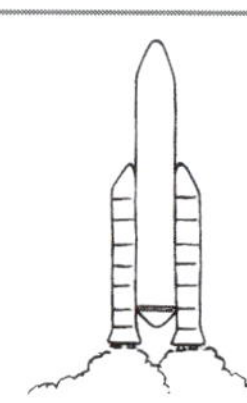

HISTOIRE

Une frise chronologique

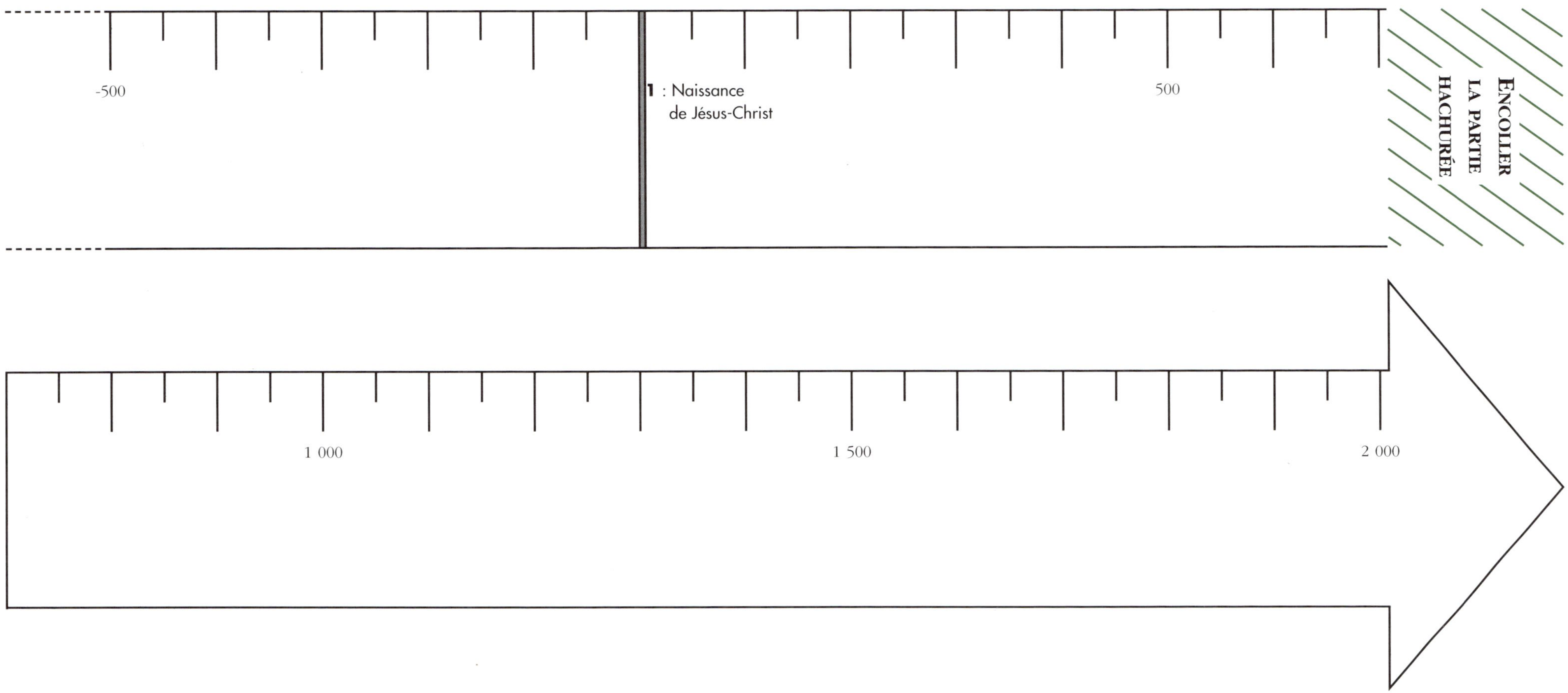

Découpe les deux bandes ci-dessus. Colle-les en superposant le bout de la deuxième bande sur la partie hachurée de la première pour former ta frise chronologique. Tu la complèteras au fur et à mesure de l'année.

GÉOGRAPHIE

LES FICHES À PHOTOCOPIER EN GÉOGRAPHIE

Observer
- Lire une ou des images : observer, repérer, reconnaître, nommer et colorier.

Fiches A

Construire
- Manipuler, assembler les différents éléments d'un puzzle pour reconstituer une carte.
- Construire des graphiques, des croquis simples à partir de données chiffrées.

Fiches B

Classer
- Effectuer des classements (habitats, climats…).
- Retrouver l'ordre chronologique (par exemple du blé au pain…).

Fiches A et B

Lire
- Lire des graphiques, des données chiffrées ou des textes informatifs.

Fiches B

Lire les cartes
- Observer et construire des cartes (régions, villes françaises, planisphères…).

Fiches A et B

Évaluer

Fiches C

Mémoriser
- Réinvestir des notions ou du vocabulaire géographiques découverts en classe ou dans le manuel.

Fiches A et B

En géographie, il faut encourager les élèves à :

- **manipuler des atlas et des cartes** ;
- se reporter aux pages de méthodologie du manuel ;
- se constituer un stock d'images de paysages ;
- consulter le dictionnaire et différents albums ou livres pour la jeunesse.

NOM : ....   DATE : ....

Où habites-tu ?

1 - Les paysages de France

Observe les six images. Colorie celle qui ressemble le plus à l'endroit où tu habites. Explique ton choix en une phrase.

....

....

GÉOGRAPHIE 1B

NOM : .... DATE : ....

OÙ HABITES-TU ?

1 - LE RELIEF SIMPLIFIÉ DE LA FRANCE

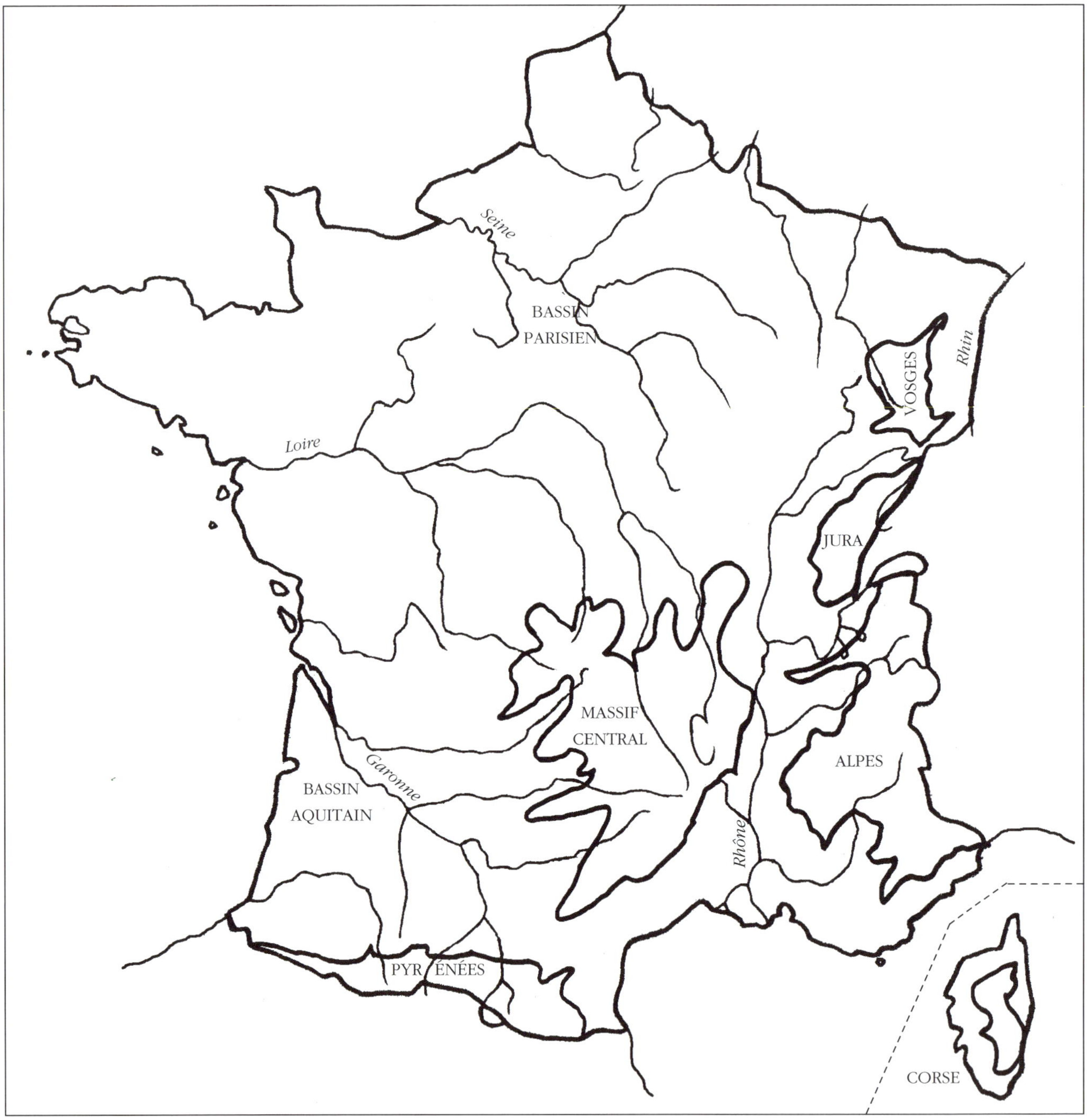

Observe une carte du relief de la France dans un atlas.
Sur la carte ci-dessus

- colorie en bleu le littoral,
- colorie en marron clair les montagnes,
- colorie en vert les plaines et les plateaux.

Marque d'une croix l'endroit où tu habites.

GÉOGRAPHIE 1C

NOM : .... DATE : ....

ÉVALUATION : OÙ HABITES-TU ?

Appréciation :

1 **Relie par une flèche bleue les termes qui s'appliquent au relief et par une flèche rouge ceux qui parlent du climat.**

montagne •		• été sec
hiver froid •	• relief •	• vallée
plateau •		• chaleur
hiver doux •	• climat •	• plaine

2 **Complète la phrase suivante :**

Chez nous, à ...., l'été est ....,

l'hiver est .... ; le climat est ....

3 **Observe la carte ci-dessous.**

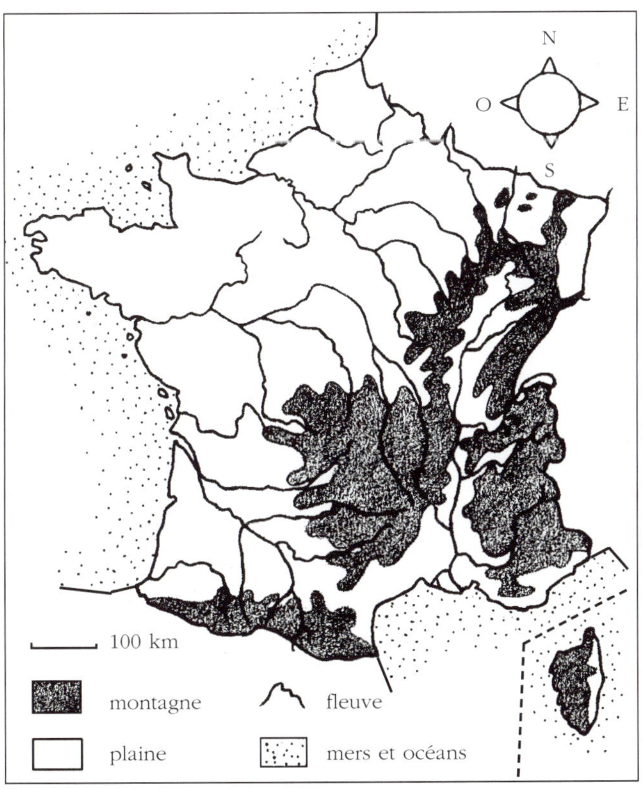

Que représente-t-elle ?

....

....

....

....

Donne un titre à la carte.

....

NOM : .... DATE : ....

COMMENT EST ORGANISÉE TA RÉGION ?

1 - ENQUÊTE

Complète la carte d'identité de ta région.

OÙ HABITES-TU ?

NOM DE LA RÉGION : ....

NOM DU DÉPARTEMENT : ....

CHEF-LIEU DU DÉPARTEMENT : ....

NUMÉRO MINÉRALOGIQUE DU DÉPARTEMENT : ....

NOM DE TA COMMUNE : ....

....

(Dessine la mairie de ta commune)

NOM DES DÉPARTEMENTS VOISINS :

....

....

NOM DES COMMUNES VOISINES :

....

....

GÉOGRAPHIE 2B

NOM : .... DATE : ....

COMMENT EST ORGANISÉE TA RÉGION ?

1 - LE PUZZLE DES RÉGIONS DE FRANCE

Chaque dessin représente une région de France. Colorie chacun d'eux et découpe-les soigneusement.
Puis regroupe tous ces dessins pour reconstituer la carte de la France.

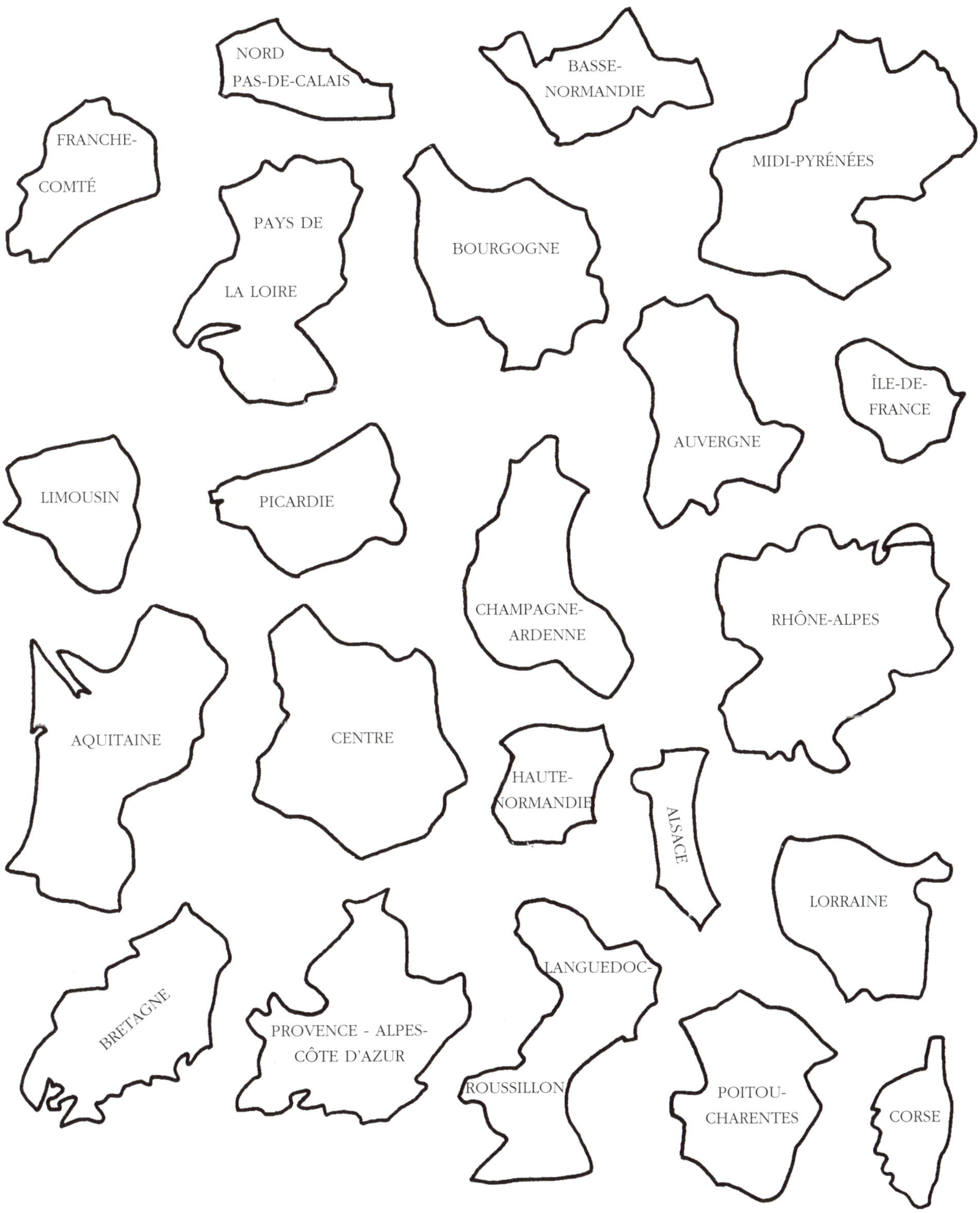

GÉOGRAPHIE 2C

NOM : .... DATE : ....

ÉVALUATION : COMMENT EST ORGANISÉE TA RÉGION ?

Appréciation :

1 Réponds par vrai (V) ou faux (F). Ensuite barre ce qui est faux*.

- La région est plus grande que la commune. .... ☐
- Le département est plus petit que la région. .... ☐
- La commune est plus grande que le département. .... ☐
- Le maire administre la commune. .... ☐

* Après correction de l'enseignant.

2 Place 22, 96 ou 30 000 dans le tableau pour indiquer le nombre de :

communes	départements	régions

3 Réponds à la question suivante :

Comment est choisi le maire d'une commune ? ....

....

4 Écris le nom de :

- deux communes : ....
- deux départements : ....
- deux régions : ....

5 Complète la plaque minéralogique par le numéro de ton département, puis écris son nom.

3627 BH ....

....

NOM : .... DATE : ....

VIVRE ET TRAVAILLER EN VILLE

1 - VILLE OU CAMPAGNE ?

Après avoir regardé chaque photo, coche la bonne réponse.

☐ Dans la ville
☐ Autour de la ville
☐ À la campagne

☐ Dans la ville
☐ Autour de la ville
☐ À la campagne

☐ Dans la ville
☐ Autour de la ville
☐ À la campagne

☐ Dans la ville
☐ Autour de la ville
☐ À la campagne

NOM : .... DATE : ....

VIVRE ET TRAVAILLER EN VILLE

1 - ALLER AU CENTRE VILLE

Colorie les étiquettes des moyens de transport qui te permettent de gagner le centre de ta ville ou de la ville la plus proche.

à pied	à vélo	en voiture
en taxi	en bus	en tramway
en train	en métro	autre : ....

2 - DEVENIR ARCHITECTE

Dessine un immeuble de bureaux ou un immeuble d'habitation.

Décris-le (nombre d'étages, de personnes qui pourraient y habiter ou y travailler… Qu'elles seraient ces personnes ?) et explique où il pourrait être construit, dans ta ville ou dans la ville la plus proche de chez toi.

....

....

....

NOM : .... DATE : ....

ÉVALUATION : VIVRE ET TRAVAILLER EN VILLE

Appréciation :

1 Relie chaque élément à la place qu'il occupe sur le schéma de la ville ci-contre :

une ferme •

une rue piétonne •

un centre commercial •

un aéroport •

un stade olympique •

la mairie •

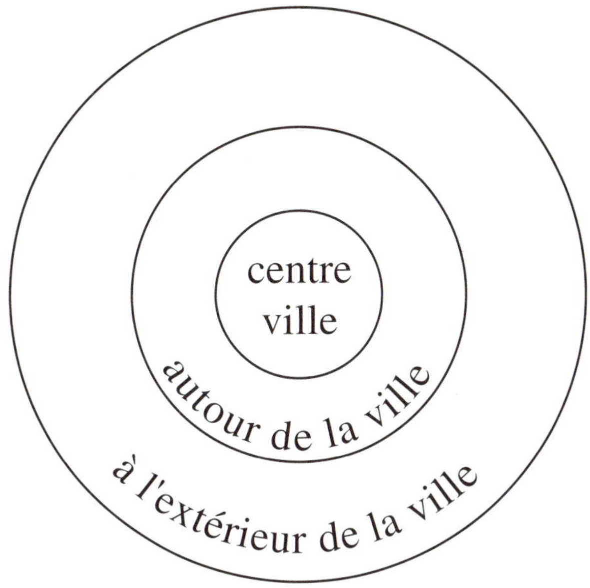

2 Entoure l'intrus de chaque liste.

- ***une bibliothèque – un musée – un cinéma – un silo à blé - un théâtre.***
- ***un hangar à machines agricoles – une cave coopérative – un immeuble – un élevage de poulets – un verger.***
- ***un agriculteur – un employé de bureau – un chauffeur d'autobus – la caissière d'un hypermarché – un directeur de conservatoire de musique.***

3 Cite trois activités marquantes de la ville.

....

....

....

NOM : .... DATE : ....

LES GRANDES VILLES EN FRANCE

1 - LES GRANDES VILLES FRANÇAISES

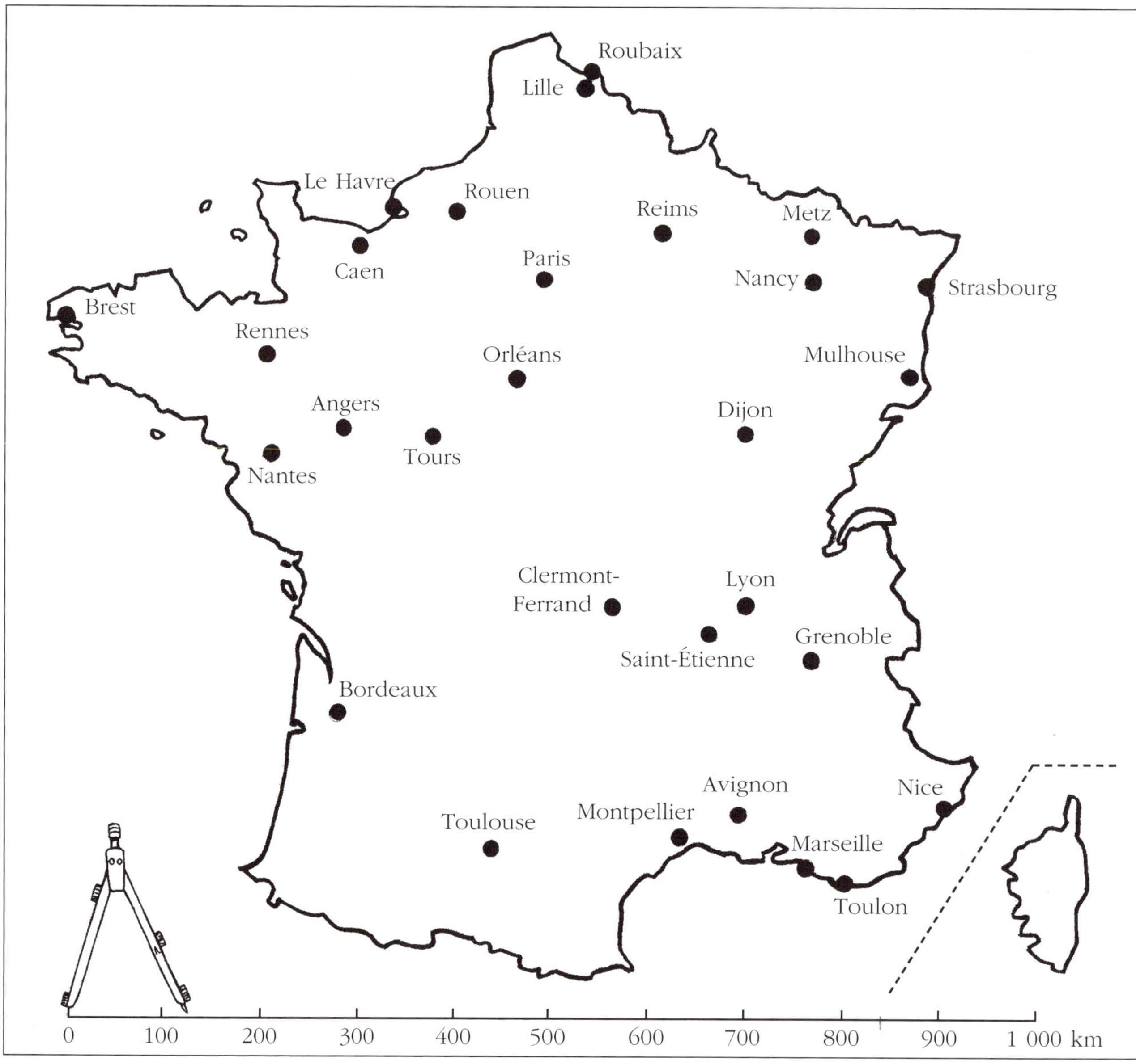

Observe la carte des principales villes de France. À l'aide de ton compas et de l'échelle de la carte trouve les distances qui séparent « à vol d'oiseau » les villes ci-dessous. Ex. : Paris / Toulon : 700 km.
Inscris ton résultat dans le tableau.

villes	km	villes	km
Lille / Marseille		Paris / Lyon	
Brest / Strasbourg		Brest / Nantes	
Bordeaux / Paris		Paris / Lille	

GÉOGRAPHIE 4B

NOM : .... DATE : ....

Les grandes villes en France

1 - Quelques monuments parisiens

Relie par une flèche chaque monument à sa définition.

Cathédrale construite du XIIe au XIIIe siècle

Construit à la fin du XIXe siècle, c'est le plus haut monument de Paris.

Arc de Triomphe	Tour Eiffel	Notre-Dame de Paris	Le Louvre

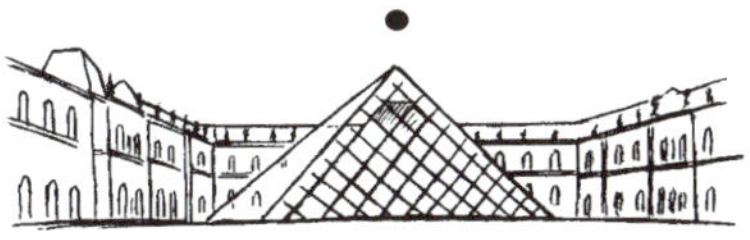

Le plus grand musée de Paris, ancien château des rois de France.

Monument construit pour célébrer la victoire des armées napoléoniennes.

Écris le nom des monuments de Paris sur le document ci-dessous.

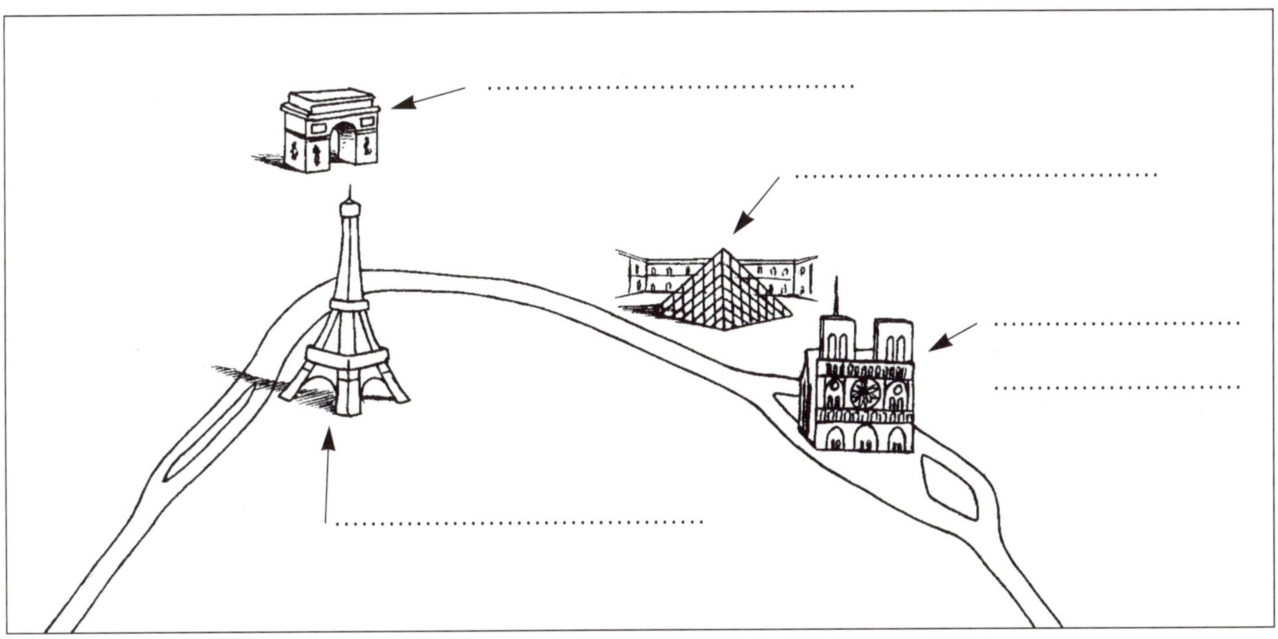

NOM : .... DATE : ....

ÉVALUATION : LES GRANDES VILLES EN FRANCE

Appréciation :

1 Voici les noms de huit grandes villes de France :

Paris – Lyon – Marseille – Strasbourg – Bordeaux – Brest – Nantes – Lille.

- Écris au moins le nom de cinq d'entre elles sur la carte.

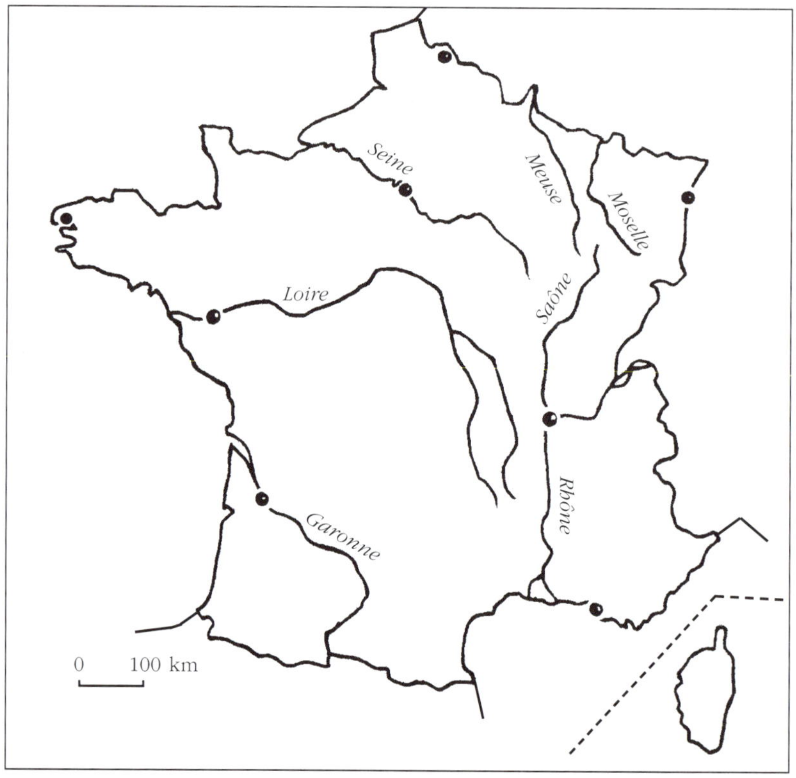

- Parmi ces huit villes, laquelle est la plus proche de chez toi ?

....

2 Coche la (ou les) bonne(s) réponse(s). Puis barre ce qui est faux*.

- En France, il y a ☐ 10 villes de plus de 100 000 habitants.
  ☐ 30 villes de plus de 100 000 habitants.
  ☐ 50 villes de plus de 100 000 habitants.

- L'agglomération parisienne regroupe environ ☐ 100 000 habitants, ☐ 10 millions d'habitants, ☐ 55 millions d'habitants.

- Dans les grandes villes on trouve souvent ☐ des administrations, ☐ des usines, ☐ des exploitations agricoles.

* Après correction de l'enseignant.

NOM : .... DATE : ....

VIVRE ET TRAVAILLER À LA CAMPAGNE

1 - DU BLÉ AU PAIN

Classe ces dessins dans l'ordre chronologique de la fabrication du pain (de 1 à 6).

un champ de blé	la moissonneuse-batteuse
	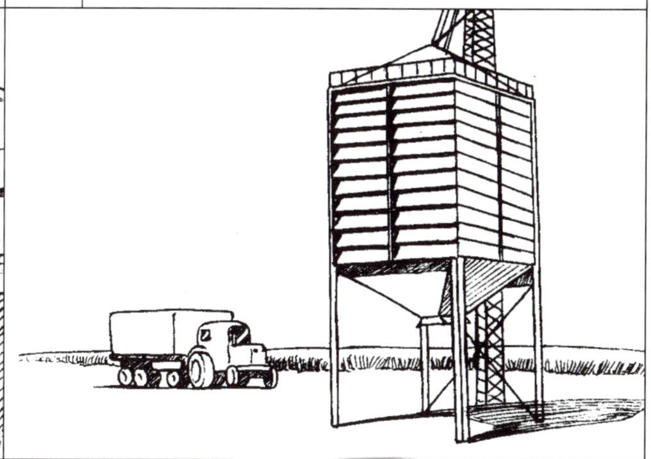
la boulangerie	le silo à grain
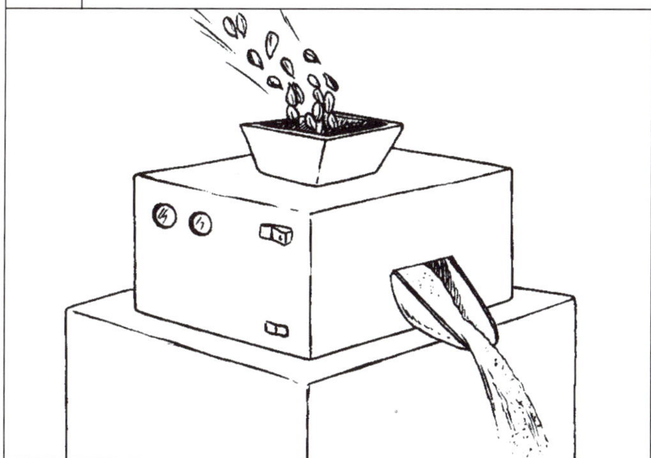	
le moulin	les jeunes pousses de blé

NOM : .... DATE : ....

VIVRE ET TRAVAILLER À LA CAMPAGNE

1 - Les produits agricoles

Observe les produits dessinés ci-dessous. Découpe les étiquettes et colle-les sur la carte dans les régions où on les trouve le plus.

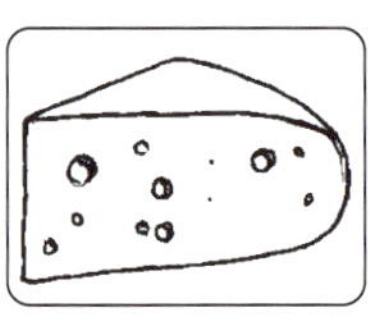

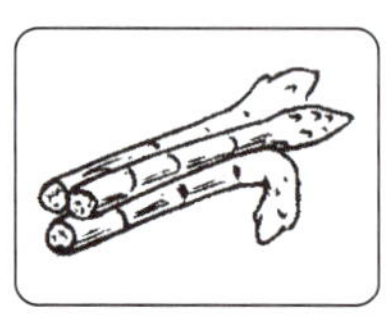

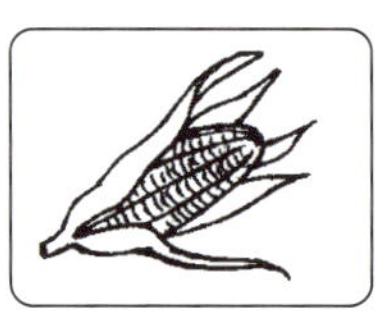
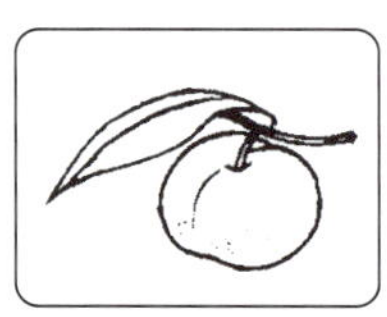
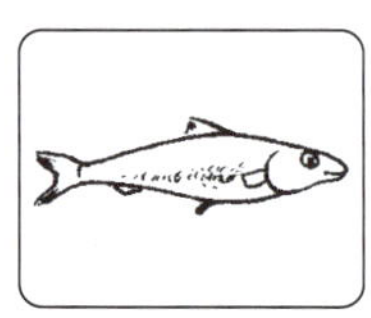

NOM : .... DATE : ....

ÉVALUATION : VIVRE ET TRAVAILLER À LA CAMPAGNE

Appréciation :

1 Cite une région où l'agriculteur produit surtout :

		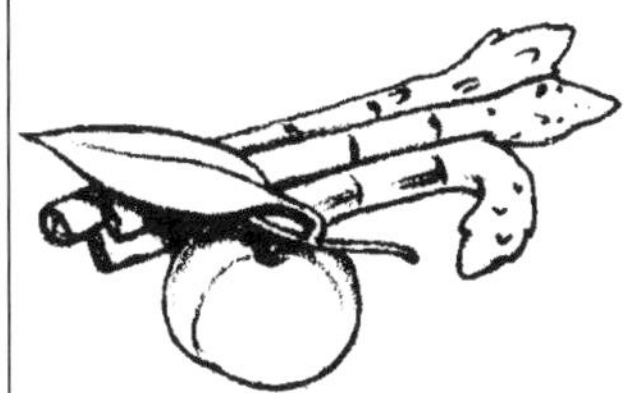	
des artichauts	du blé	des fruits et des légumes	du vin

....

2 Colorie d'une même couleur les étiquettes qui vont ensemble.

blé	trayeuse électrique	silo
fromage	moissonneuse-batteuse	lait

3 Coche la (ou les) bonne(s) réponse(s). Ensuite barre ce qui est faux*.

- Les ☐ agriculteurs, les ☐ ostréiculteurs transforment les champs par leur travail.
- L'homme qui travaille la vigne est un ☐ vigneron, un ☐ caviste.
- Aujourd'hui, les villages ☐ se dépeuplent, ☐ se repeuplent de plus en plus.
- Les fermes ☐ rurales, ☐ urbaines ont tout le confort moderne.

* Après correction de l'enseignant.

NOM : .... DATE : ....

VIVRE ET TRAVAILLER À LA MER

1 - RENTRER AU PORT

La mer devient mauvaise. Relie, par une flèche, chaque embarcation à son port d'attache.

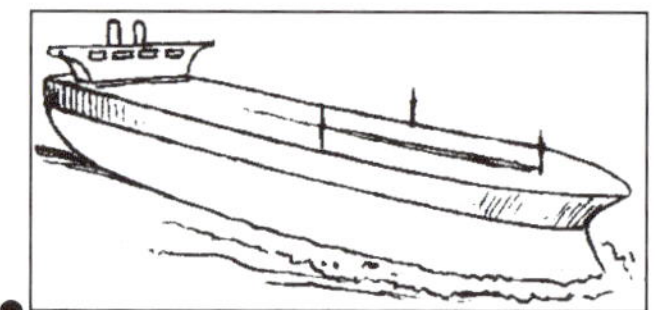

• pétrolier

• trimaran

• chalutier

• car-ferry

• planche à voile

NOM : .... DATE : ....

VIVRE ET TRAVAILLER À LA MER

1 - LE PORT DE GRUISSAN EN 1955 ET EN 1990

Observe attentivement les deux cartes et compare-les.

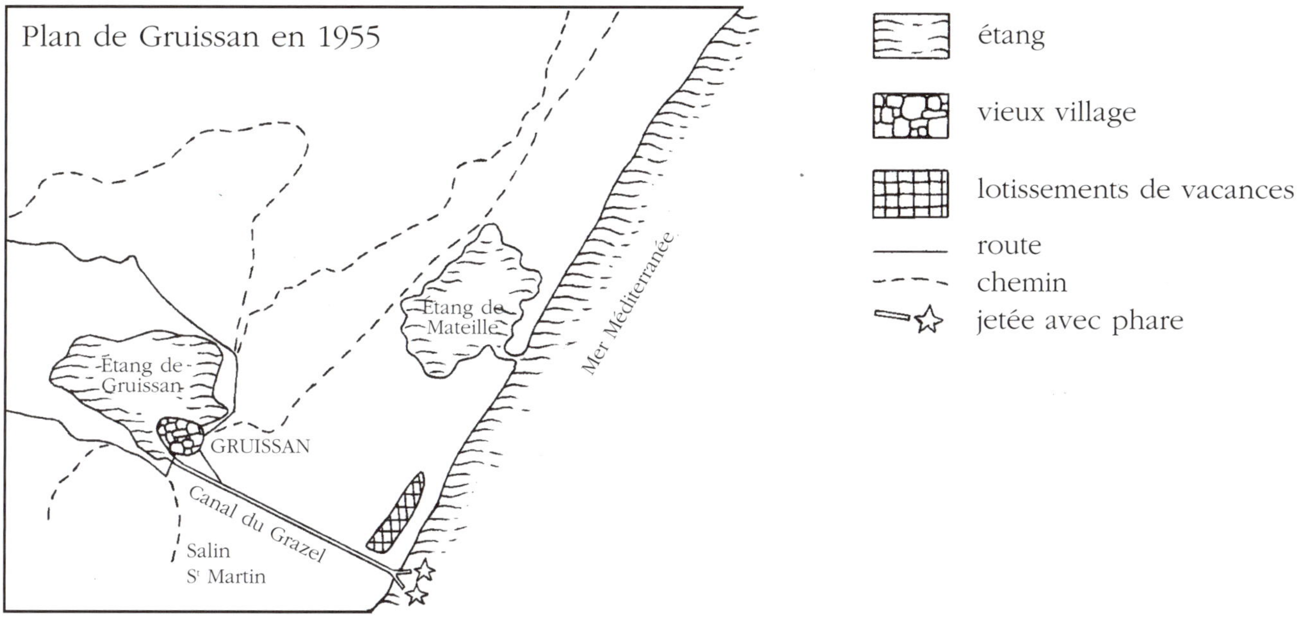

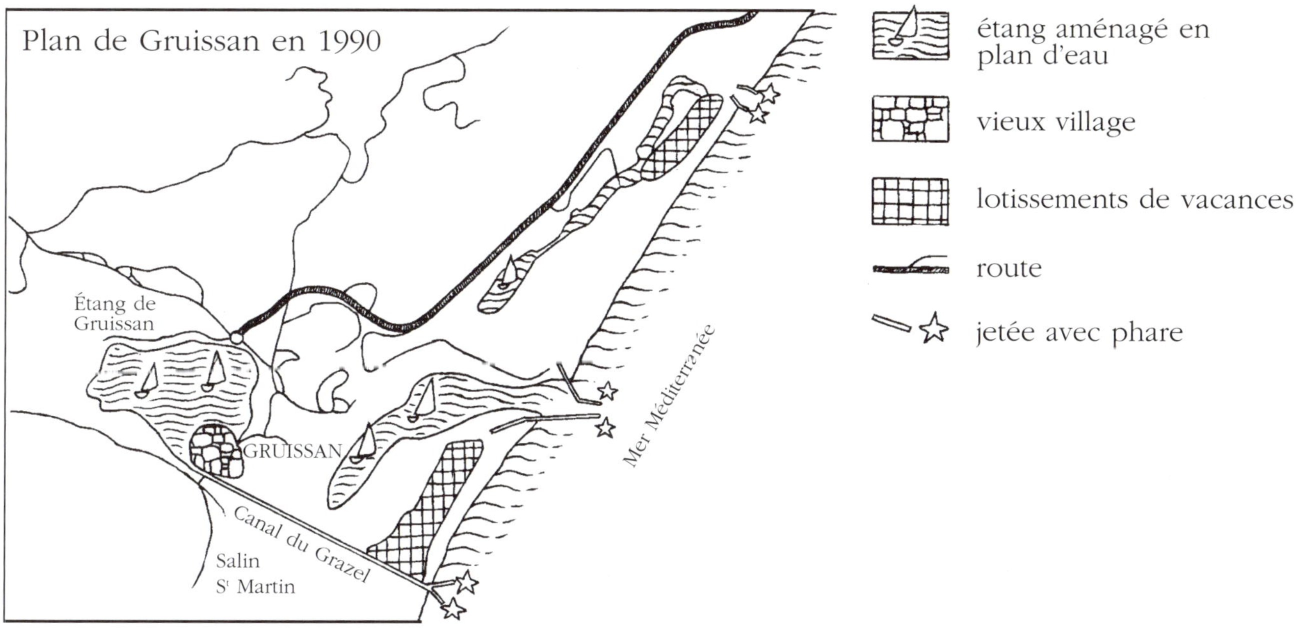

- Colorie en jaune les étangs de 1955 et les plans d'eau aménagés en 1990.
- Quelles transformations remarques-tu entre ces deux plans ?

....

....

GÉOGRAPHIE 6C

NOM : .... DATE : ....

ÉVALUATION : VIVRE ET TRAVAILLER À LA MER

Appréciation :

1 Relie par une flèche le nom des bateaux à leur activité.

voilier •	• pêche •	• chalutier
pétrolier •	• plaisance •	• car-ferry
porte-avions •	• commerce •	• sous-marin
porte-conteneurs •	• défense •	• thonier

2 Donne le nom

• de quatre activités liées à la mer :

....

....

• de deux ports français :

....

3 Complète la grille à l'aide des définitions et des dessins.

2 Bâteau à voile.

4 Mouvement de la mer.

5 Ville du bord de la mer habitée par les vacanciers.

6 Art de conduire les navires.

NOM : .... DATE : ....

VIVRE ET TRAVAILLER À LA MONTAGNE

1 - PAYSAGE DE MONTAGNE

Observe bien le dessin et la liste de mots. Ensuite place les mots sur le dessin.

un village – une station de ski – des remontées mécaniques – un torrent – un chalet d'alpage – un barrage – un sommet – une forêt.

GÉOGRAPHIE 7B

NOM : .... DATE : ....

VIVRE ET TRAVAILLER À LA MONTAGNE

1 - LES MONTAGNES DE FRANCE

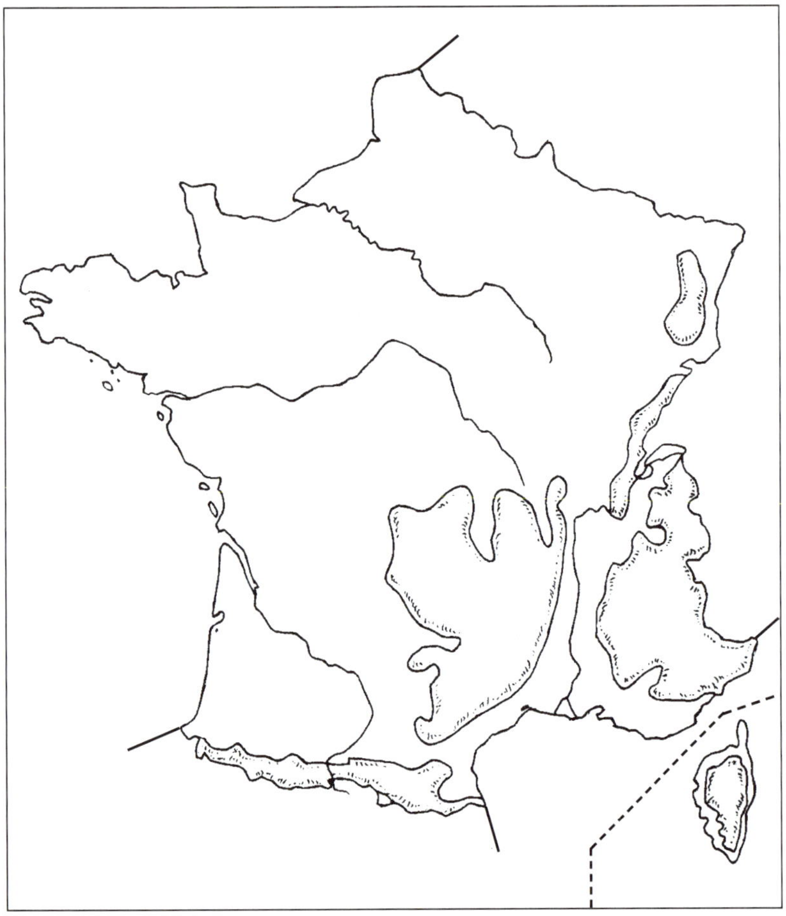

Place le nom de chaque montagne sur la carte.

Alpes – Pyrénées – Corse – Vosges – Jura – Massif central.

Colorie en marron foncé les hautes montagnes, en marron clair les moyennes montagnes.

2 - EXPLOITER LA MONTAGNE

Classe les mots suivants dans le tableau ci-dessous :

un chalet – du ski – un alpage – un refuge – des moutons – une randonnée – un bûcheron – une scierie – une usine hydroélectrique.

industrie	tourisme	élevage
....	....	....
....	....	....
....	....	....
....	....	....

GÉOGRAPHIE 7C

NOM : .... DATE : ....

ÉVALUATION : VIVRE ET TRAVAILLER À LA MONTAGNE

Appréciation :

1 **Cite le nom de deux hautes montagnes.**

....

Cite le nom de deux moyennes montagnes.

....

2 **Coche la (ou les) bonne(s) réponse(s).**

• Les Pyrénées séparent la France

de ☐ l'Italie, de ☐ l'Espagne, de ☐ la Suisse.

• Les stations de haute altitude se trouvent

☐ dans le Jura, ☐ dans les Alpes, ☐ dans les Vosges.

• L'altitude est la hauteur d'un lieu calculée par rapport

☐ au niveau du fond de la vallée, ☐ au niveau de la mer.

3 **Cite trois activités pratiquées à la montagne.**

....

....

4 **Écris sous chaque dessin le nom qui lui correspond.**

....

....

....

....

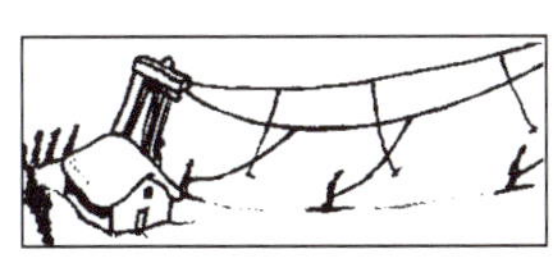

....

....

NOM : .... DATE : ....

LA FRANCE D'OUTRE-MER

1 - LES DOM-TOM

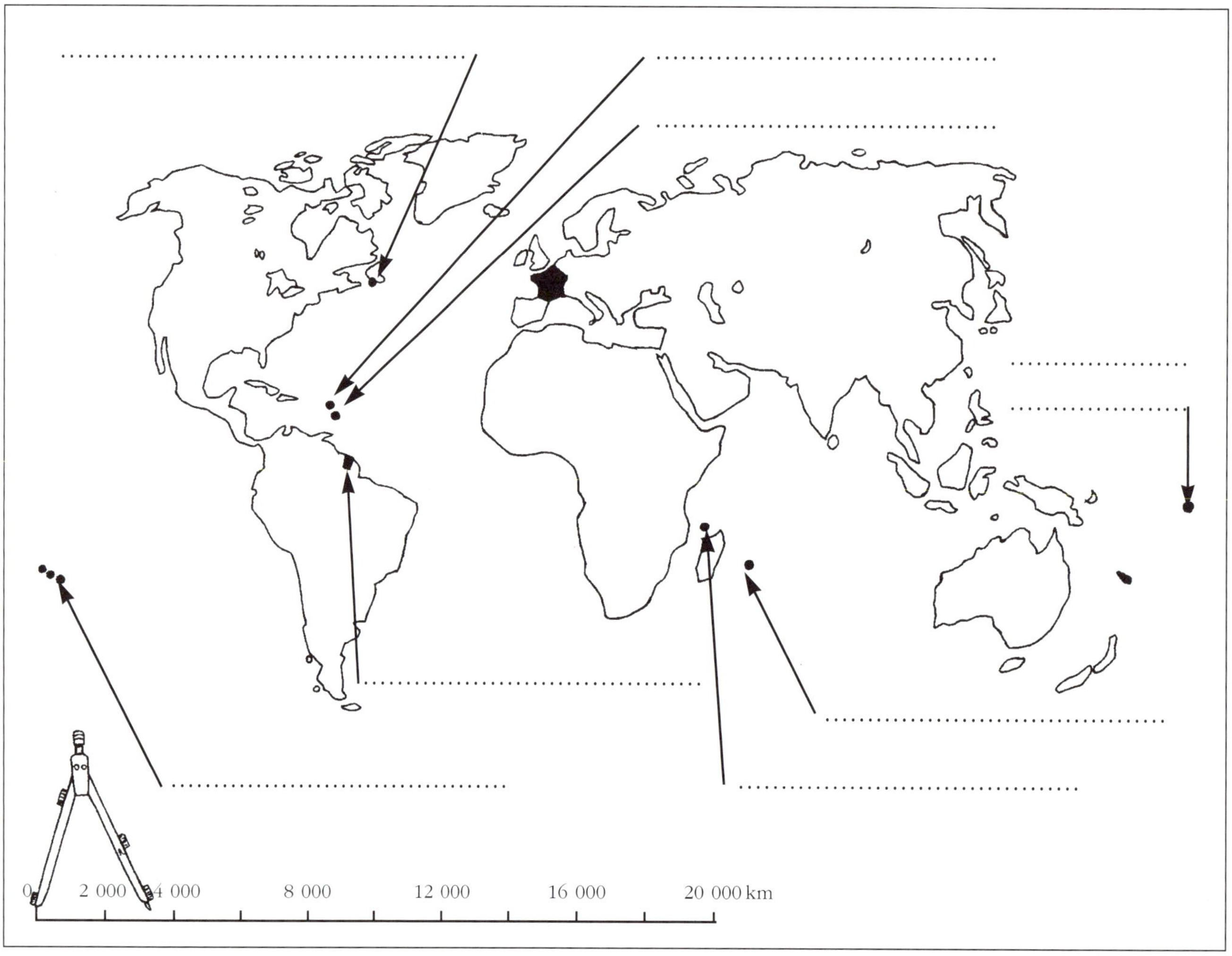

À l'aide du livre, complète la carte en plaçant les pays suivants :

Guadeloupe – Martinique – Réunion – Saint-Pierre-et-Miquelon – Nouvelle-Calédonie – Polynésie française.

Puis à l'aide de l'échelle calcule les distances entre les pays inscrits dans le tableau. La première est donnée en exemple.

France / Martinique	7 000 km
France / Réunion	
France / Saint-Pierre-et-Miquelon	
France /Nouvelle-Calédonie	
France / Polynésie française	

GÉOGRAPHIE 8B

NOM : .... DATE : ....

LA FRANCE D'OUTRE-MER

1 - LES PRODUITS D'OUTRE-MER

Colorie uniquement les produits qui proviennent de la France d'outre-mer.

2 - AU MILIEU DES OCÉANS

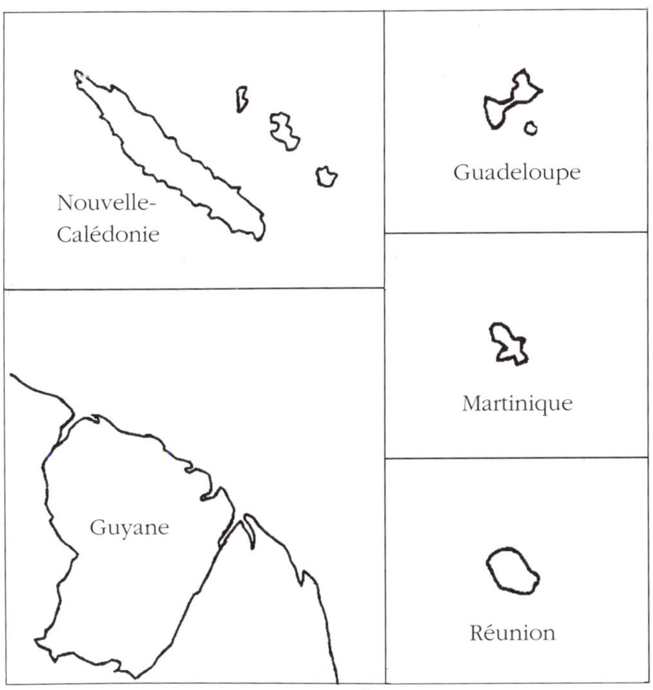

Colorie en bleu les mers et les océans.
Que remarques-tu ?

....

....

....

....

NOM : .... DATE : ....

ÉVALUATION : LA FRANCE D'OUTRE-MER

Appréciation :

1 Coche la bonne case.

	climat chaud	
	oui	non
Guadeloupe		
Martinique		
Guyane		
Saint-Pierre-et-Miquelon		

2 Réponds par vrai (V) ou faux (F). Ensuite barre ce qui est faux*

- Les habitants des DOM-TOM sont des citoyens français. .... ☐
- DOM-TOM signifie département d'outre-manche et territoire d'outre-manche. .... ☐
- Ces territoires sont surtout des îles. .... ☐
- La Guyane française est une métropole pour la France. .... ☐
- La Côte-d'Ivoire est un département d'outre-mer. .... ☐
- Les DOM-TOM exportent des marchandises vers la France. .... ☐
- La population des DOM-TOM est jeune. .... ☐
- Les DOM-TOM sont rattachés à la France depuis plusieurs siècles. .... ☐

* Après correction de l'enseignant.

3 Colorie uniquement les moyens de transport qui permettent d'aller en Martinique.

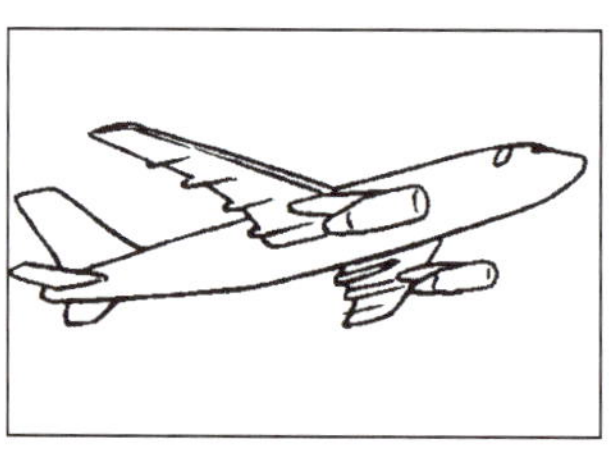
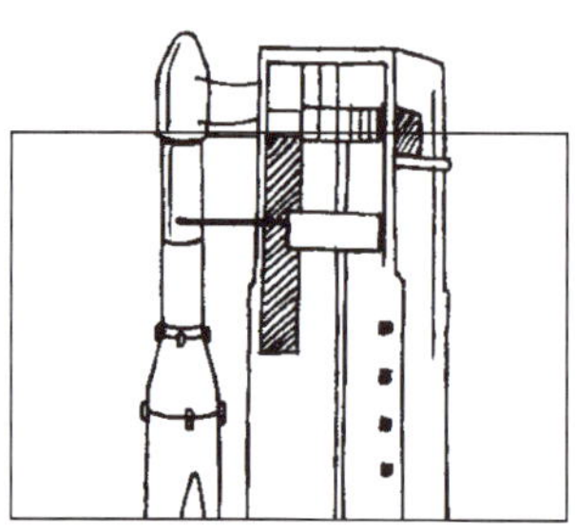

NOM : .... DATE : ....

Six continents

1 - Planisphère en puzzle !

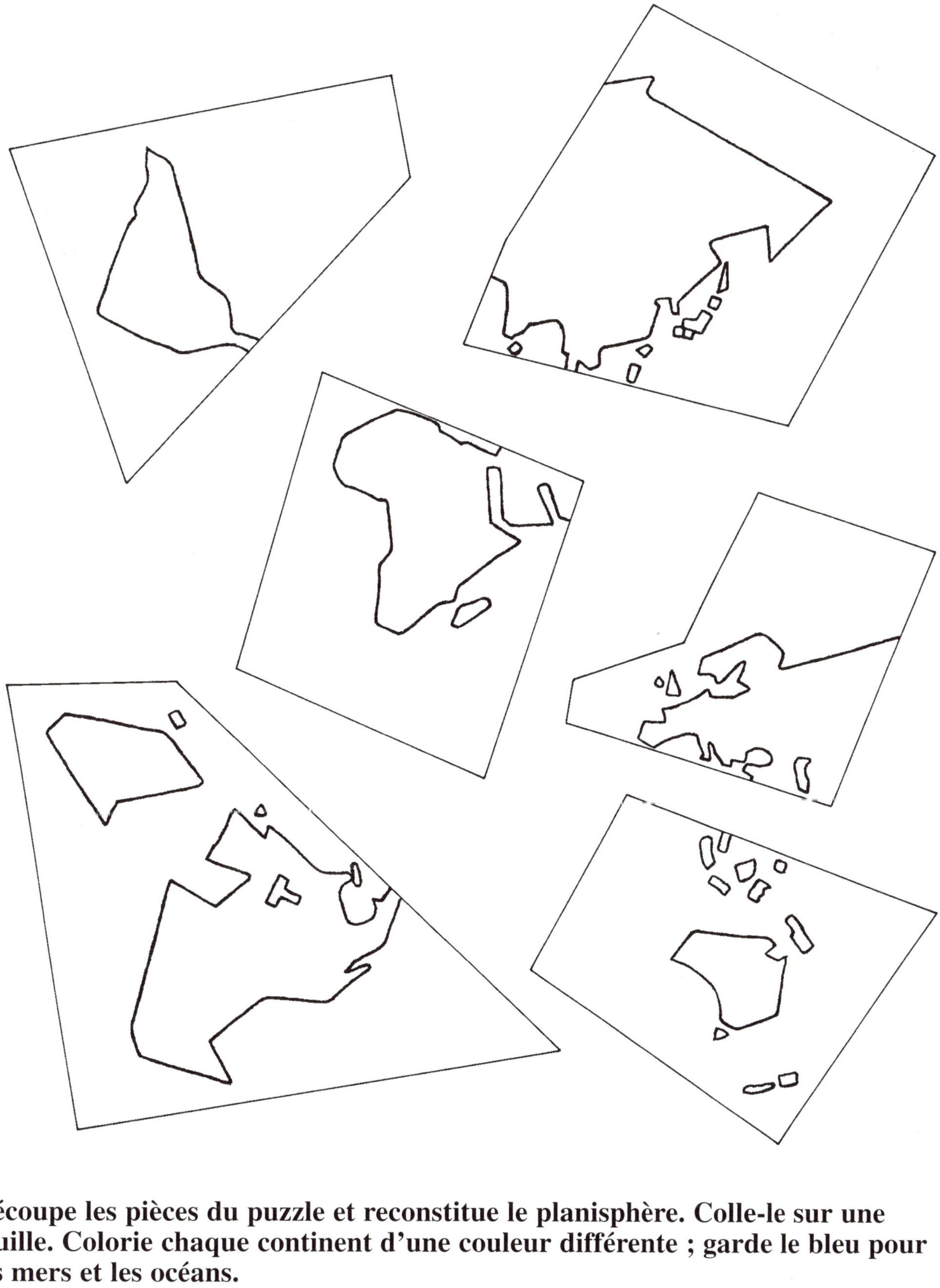

Découpe les pièces du puzzle et reconstitue le planisphère. Colle-le sur une feuille. Colorie chaque continent d'une couleur différente ; garde le bleu pour les mers et les océans.

GÉOGRAPHIE
9B

NOM : .... DATE : ....

Six continents

1 - Les continents

Observe le planisphère que tu as reconstitué précédemment.
Relie par une flèche chaque continent à sa description.

L'Europe •	• est formée de nombreuses îles.
L'Afrique •	• est de forme très massive.
L'Asie •	• est le plus grand continent.
L'Amérique •	• est un continent de petite taille.
L'Océanie •	• est entièrement recouvert de glace.
L'Antarctique •	• est divisée en deux grands blocs.

2 - Silhouettes

Chaque silhouette représente un continent. Écris son nom.

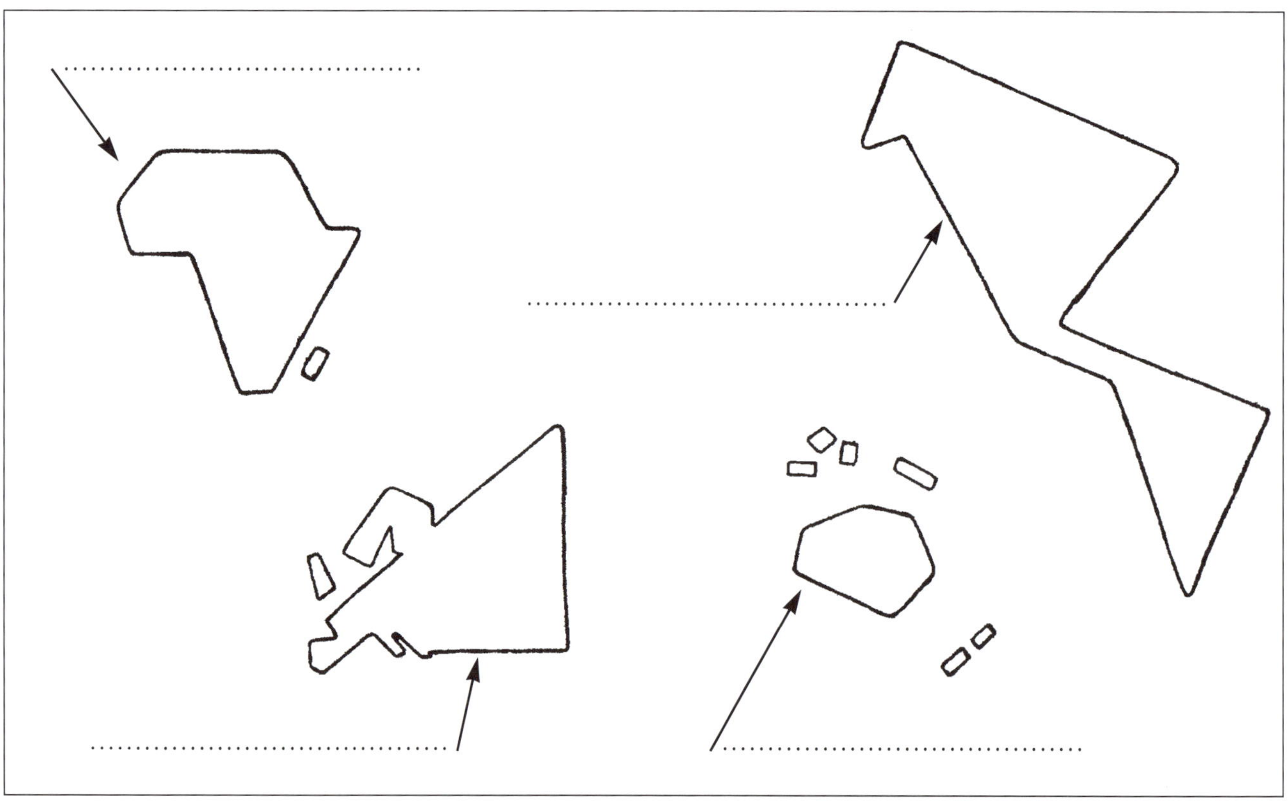

NOM : .... DATE : ....

ÉVALUATION : SIX CONTINENTS

Appréciation :

1 Classe les trois continents suivants, du plus petit au plus grand.

l'Asie – l'Europe – l'Océanie.

....

2 Réponds aux questions suivantes :

- Sur quel continent se trouve la France ? ....
- Sur quel continent se trouve la Guyane ? ....
- À quel continent appartient l'Australie ? ....
- Quel continent touche l'Europe ? ....
- Quel est le continent le moins peuplé ? ....

3 Place, sur le planisphère, les noms des six continents.

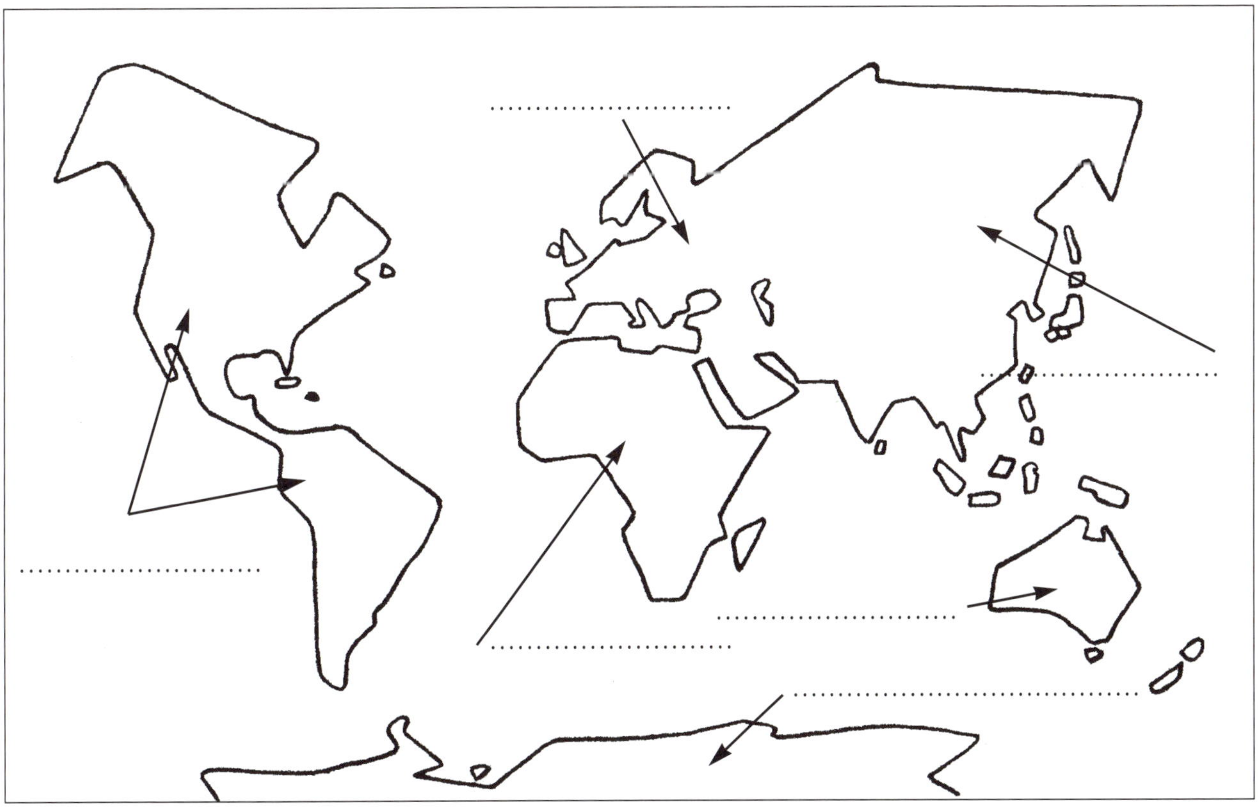

NOM : .... DATE : ....

TROIS GRANDS CLIMATS

1 - UN BRISE-GLACE

Place sur le dessin les mots suivants et colorie-le :

un brise-glace – des antennes satellites – la banquise – une coque renforcée.

GÉOGRAPHIE
10B

NOM : .... DATE : ....

Trois grands climats

1 - Le soleil dans trois régions du globe

Observe les dessins et lis les textes. Indique pour chaque vignette de quelle zone climatique il s'agit :
la zone chaude – la zone tempérée – la zone froide.

....

Le soleil reste très bas sur l'horizon. Il fait très froid pendant presque toute l'année.

....

Le soleil monte très haut dans le ciel. Il fait chaud chaque jour.

....

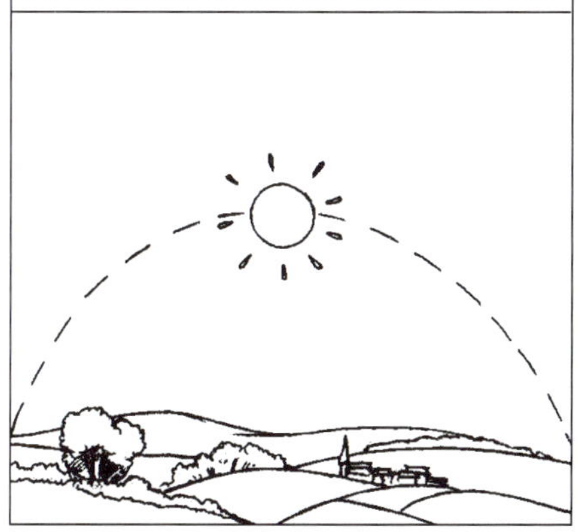

Selon la saison, le soleil monte plus ou moins haut dans le ciel. En hiver il fait frais, en été il fait chaud.

2 - Les zones climatiques

Complète la légende en choisissant une couleur par zone. Puis colorie la carte en respectant les couleurs de ta légende.

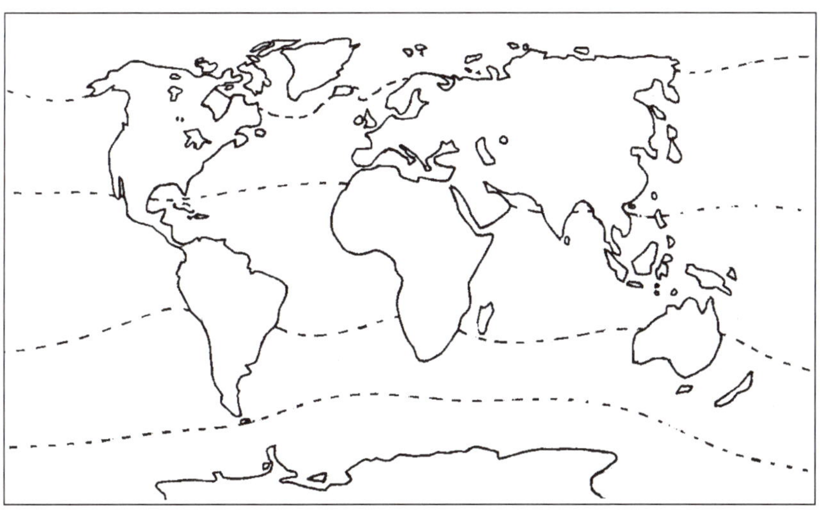

légende

	zone froide
	zone tempérée
	zone chaude

NOM : .... DATE : ....

ÉVALUATION : TROIS GRANDS CLIMATS

Appréciation :

1 **Cite les trois grandes zones climatiques de la Terre.**

....

....

2 **Coche la bonne réponse. Ensuite barre ce qui est faux*.**

- Dans les pays de climat chaud
  - ☐ le soleil monte, tous les jours de l'année, très haut dans le ciel ;
  - ☐ le soleil ne monte jamais très haut dans le ciel.
- On trouve généralement les climats froids ☐ près de l'équateur, ☐ près des pôles.
- La Terre est divisée ☐ en trois grandes zones climatiques, ☐ en cinq grandes zones climatiques.
- La France est située dans la zone ☐ froide, ☐ tempérée, ☐ chaude.

3 **Associe à chaque paysage un climat. Écris le nom de ce climat.**

climat ....

climat ....

* Après correction de l'enseignant.

GÉOGRAPHIE 11A

NOM : .... DATE : ....

LES PAYS DU MONDE

1 - PAYS PROCHES, PAYS LOINTAINS

Russie ☐	Bali ☐	France ☐	Gambie ☐
Canada ☐	Mexique ☐	Royaume-Uni ☐	Italie ☐
Japon ☐	Suisse ☐	Chine ☐	Maroc ☐
Sénégal ☐	Algérie ☐	Inde ☐	Brésil ☐
Allemagne ☐	Kenya ☐	Bolivie ☐	États-Unis ☐
Espagne ☐	Portugal ☐	Viêt-nam ☐	Côte-d'Ivoire ☐

Coche d'une croix les pays dont tu as déjà entendu le nom.
Colorie en jaune trois étiquettes de pays qui touchent la France.
Colorie en vert trois étiquettes de pays très éloignés de la France.

GÉOGRAPHIE
11B

NOM : .... DATE : ....

Les pays du monde

1 - Les grands pays

Observe le tableau A ci-dessous ; il donne les superficies des plus grands pays.
Complète le tableau B en classant les pays du plus grand au plus petit.
Le premier est déjà donné.

tableau A

pays	superficie
Canada	**9** 980 000 km²
Russie	**17** 800 000 km²
Chine	**9** 600 000 km²
Brésil	**8** 500 000 km²
Australie	**7** 700 000 km²
États-Unis	**9** 000 000 km²

tableau B

superficie	pays
17 800 000 km²	Russie

2 - Les pays les plus peuplés

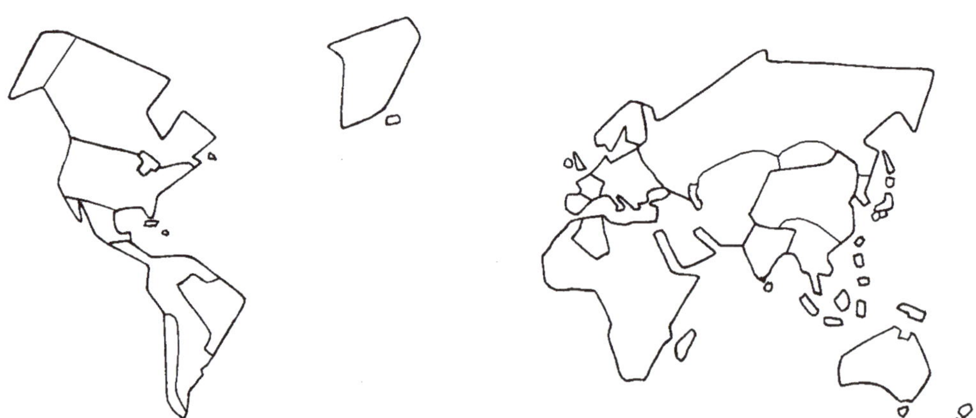

Les cinq pays du monde les plus peuplés sont : la Chine, l'Inde, les États-Unis, l'Indonésie et le Brésil. Colorie-les en rouge sur le planisphère.
Que remarques-tu ?

....

....

GÉOGRAPHIE 11C

NOM : .... DATE : ....

ÉVALUATION : LES PAYS DU MONDE

Appréciation :

1 Coche les trois États les plus vastes.

- ☐ Russie
- ☐ Belgique
- ☐ Brésil
- ☐ France
- ☐ Chine
- ☐ Italie

2 Réponds par vrai (V) ou faux (F). Ensuite barre ce qui est faux*.

- L'Asie du Sud et de l'Est est la région la plus peuplée du monde. .... ☐
- La Chine est le pays le plus vaste du monde. .... ☐
- La France fait partie des cinq pays les plus étendus du monde. .... ☐
- Les pays les plus étendus sont les plus peuplés. .... ☐
- La Chine est le pays le plus peuplé. .... ☐

* Après correction de l'enseignant.

3 Relie par une flèche chaque ville à son pays.

New York •

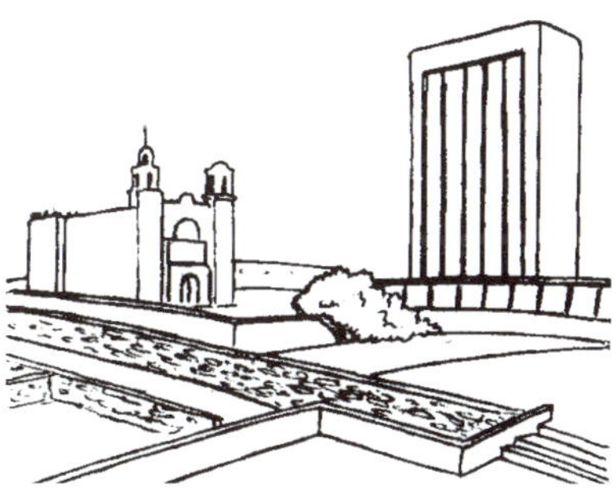

Mexico •

Paris •

• MEXIQUE

• FRANCE

• ÉTATS-UNIS

NOM : .... DATE : ....

LES PROBLÈMES DE LA PLANÈTE

1 - MENACES SUR LES HOMMES

Place un titre sous chaque photo.

un volcan en éruption – un cyclone – une marée noire – une guerre.

Donne un exemple pour chaque menace.

....

exemple : ....

....

exemple : ....

....

exemple : ....

....

exemple : ....

NOM : .... DATE : ....

Les problèmes de la planète

1 - L'éruption du Pinatubo

Le Pinatubo n'était pas entré en éruption depuis six siècles. Il se réveille en avril 1991 et explose dans la nuit du 14 au 15 juin 1991. L'éruption détruit toute vie dans un rayon de 15 km, tue 875 personnes et oblige à en déplacer 300 000. Les cendres polluent l'atmosphère en dégageant du dioxyde de soufre, un gaz dangereux car il donne de l'acide sulfurique : les sols ne peuvent plus être cultivés, les poissons meurent dans les lacs et les forêts dépérissent. Les hommes souffrent d'asthme et de troubles respiratoires.

Réponds aux questions suivantes :

- Depuis combien de temps le Pinatubo ne s'était-il pas réveillé ?

....

- Quelles conséquences cette catastrophe a-t-elle eues pour les hommes ?

....

....

2 - Les déchets

À l'aide du tableau, complète le graphique ci-dessous.

Les déchets mondiaux

Quantité de déchets (poubelles, détritus) produits par an et par habitant.

Afrique du Nord	100 kg	Chine	100 kg
Amérique du Nord	700 kg	Europe	350 kg
Amérique du Sud	250 kg	Russie	200 kg

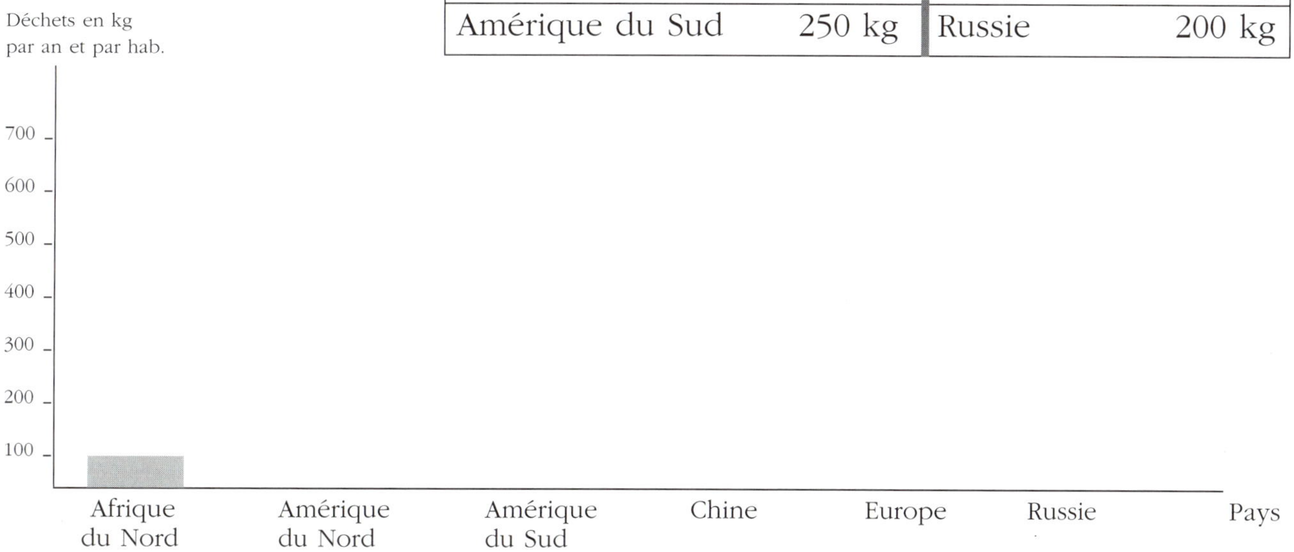

(Pour la construction du graphique, reporte-toi à la page 131 de ton *Multilivre*.)

GÉOGRAPHIE 12C

NOM : .... DATE : ....

ÉVALUATION : LES PROBLÈMES DE LA PLANÈTE

Appréciation :

1 Cite :

- une catastrophe liée à l'activité humaine : ....
- une catastrophe naturelle : ....

2 Explique en une phrase les mots :

séisme

....

....

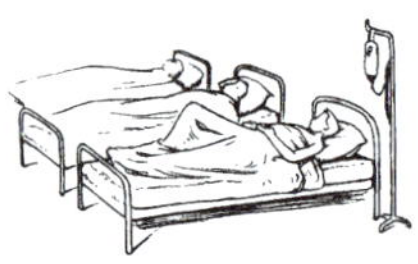

épidémie

....

....

3 Classe les catastrophes suivantes dans le tableau ci-dessous (dans certains cas, on peut inscrire le même mot dans les deux colonnes) :

un séisme – une éruption volcanique – la guerre – la marée noire – les grandes épidémies – les cyclones – les avalanches – la destruction des forêts – les pollutions industrielles.

catastrophes provoquées par l'homme	catastrophes provoquées par la nature
....	....
....	....
....	....
....	....
....	....

NOM : .... DATE : ....

LA FRANCE DANS LE MONDE

1 - IMAGES DE LA FRANCE À L'ÉTRANGER

Que représente chaque vignette ? Écris-le.

château de Versailles.............. ▼

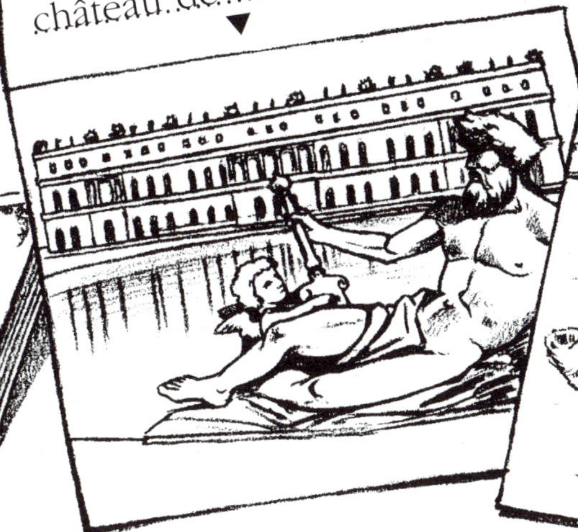

▲ ....

.... ▲

.... ▼

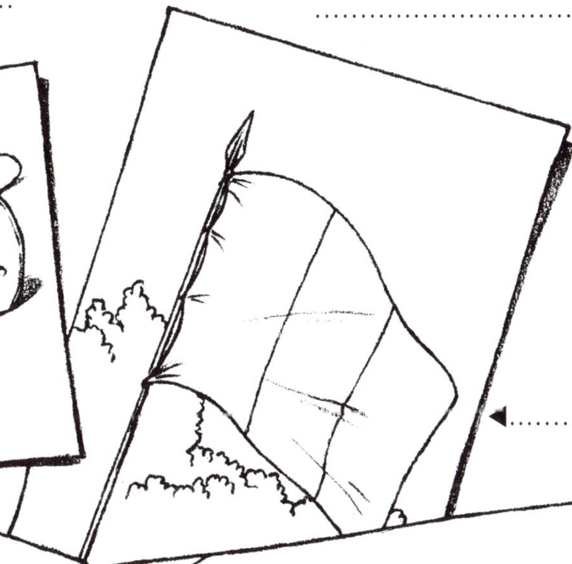

◄ ....

.... ▲

▲ ....

GÉOGRAPHIE
13B

NOM : .... DATE : ....

LA FRANCE DANS LE MONDE

1 - LA FRANCE VEND ET ACHÈTE DES PRODUITS À L'ÉTRANGER

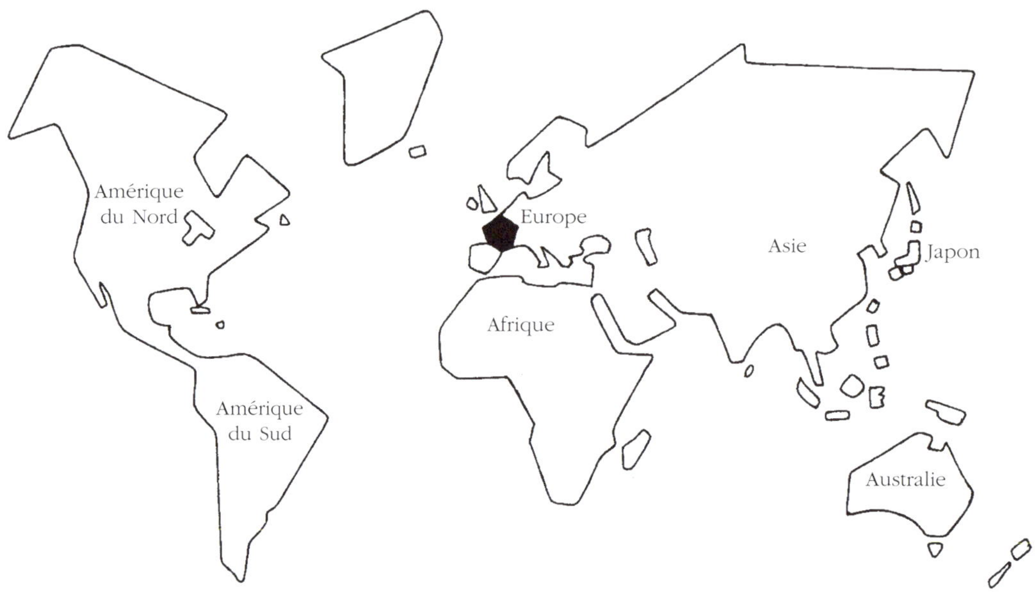

Trace les flèches sur le planisphère.

La France exporte des produits
- en Amérique du Nord
- en Amérique du Sud
- en Afrique
- en Europe
- au Japon
- en Asie

2 - LES PLUS GRANDES PUISSANCES ÉCONOMIQUES MONDIALES

Observe le graphique suivant*. Reclasse ensuite les pays dans l'ordre de leur puissance.

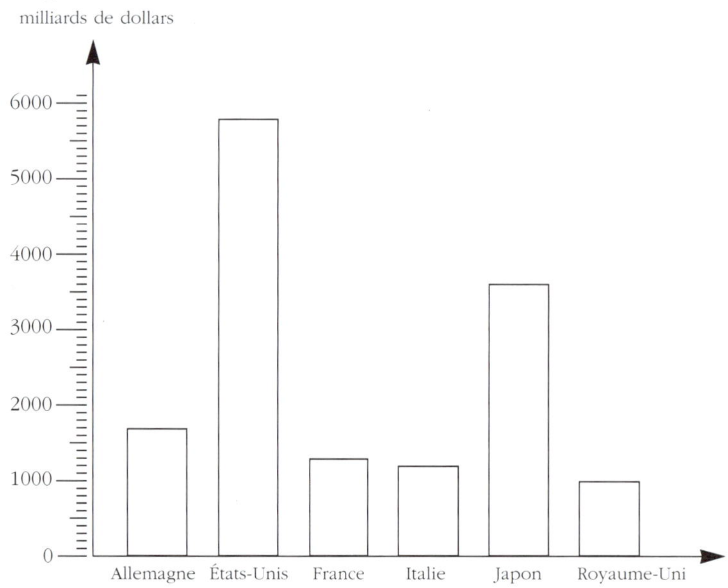

1 ....
2 ....
3 ....
4 ....
5 ....
6 ....

* Ces chiffres mesurent la valeur de la production de chaque État en une année et en milliards de dollars.

GÉOGRAPHIE
13C

NOM : .... DATE : ....

ÉVALUATION : LA FRANCE DANS LE MONDE

Appréciation :

1 Cite :

• deux pays dans le monde où l'on parle habituellement français (en dehors de la France) : ....

....

• deux pays qui achètent beaucoup de produits français : ....

....

2 Réponds par vrai (V) ou faux (F). Ensuite barre ce qui est faux*.

• La France se place parmi les dix plus grandes puissances économiques du monde. .... ☐

• Le français est la deuxième langue parlée dans le monde. .... ☐

• La France ne vend qu'aux pays voisins. .... ☐

* Après correction de l'enseignant.

3 Colorie uniquement les produits que la France exporte en grande quantité à l'étranger.

NOM : .... DATE : ....

LE RELIEF DE LA FRANCE

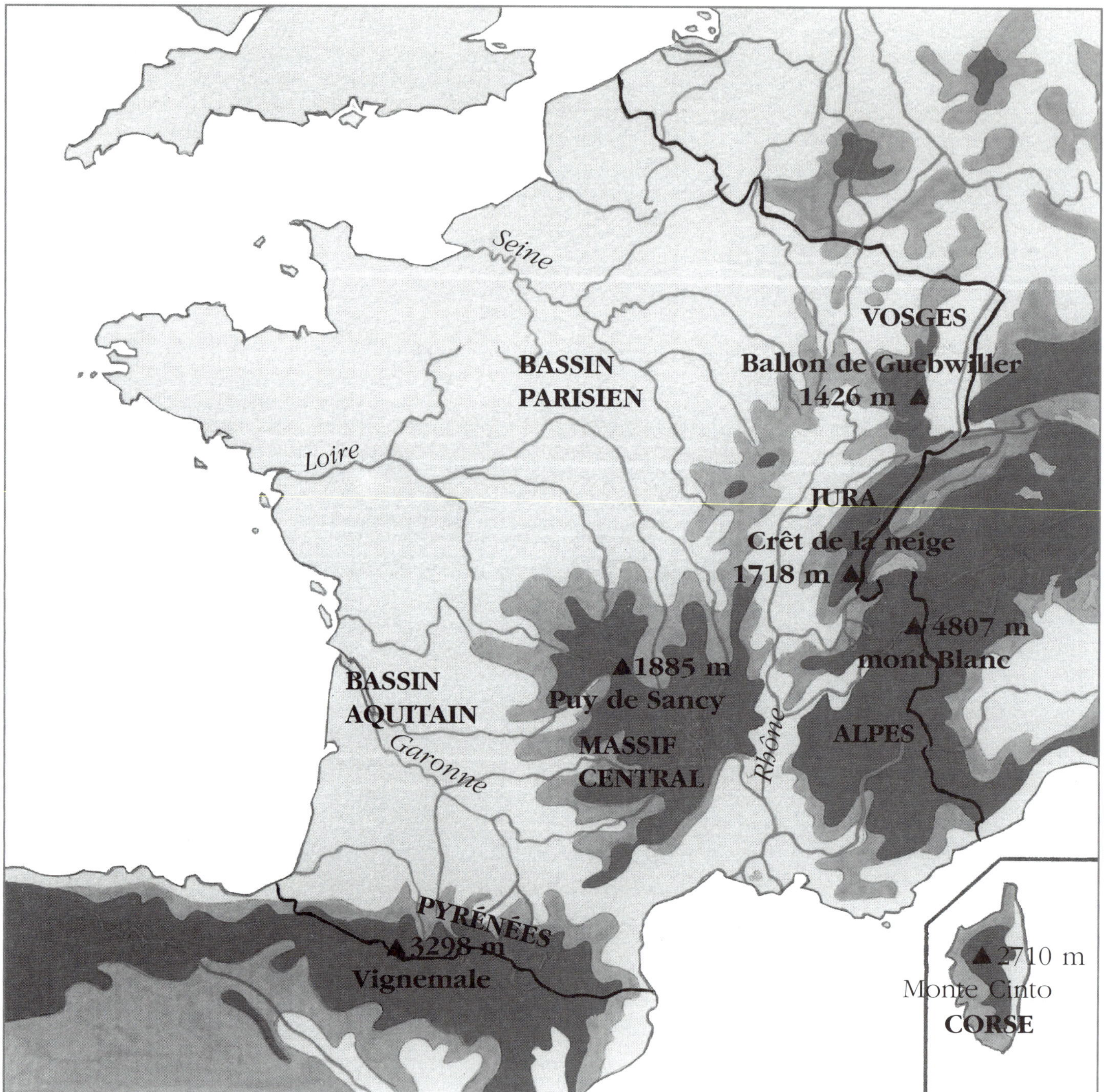

altitude > 1 000 mètres

altitude comprise entre 500 et 1 000 mètres

altitude < 500 mètres

Échelle : 250 km

GÉOGRAPHIE

NOM : .... DATE : ....

LES GRANDES AGGLOMÉRATIONS

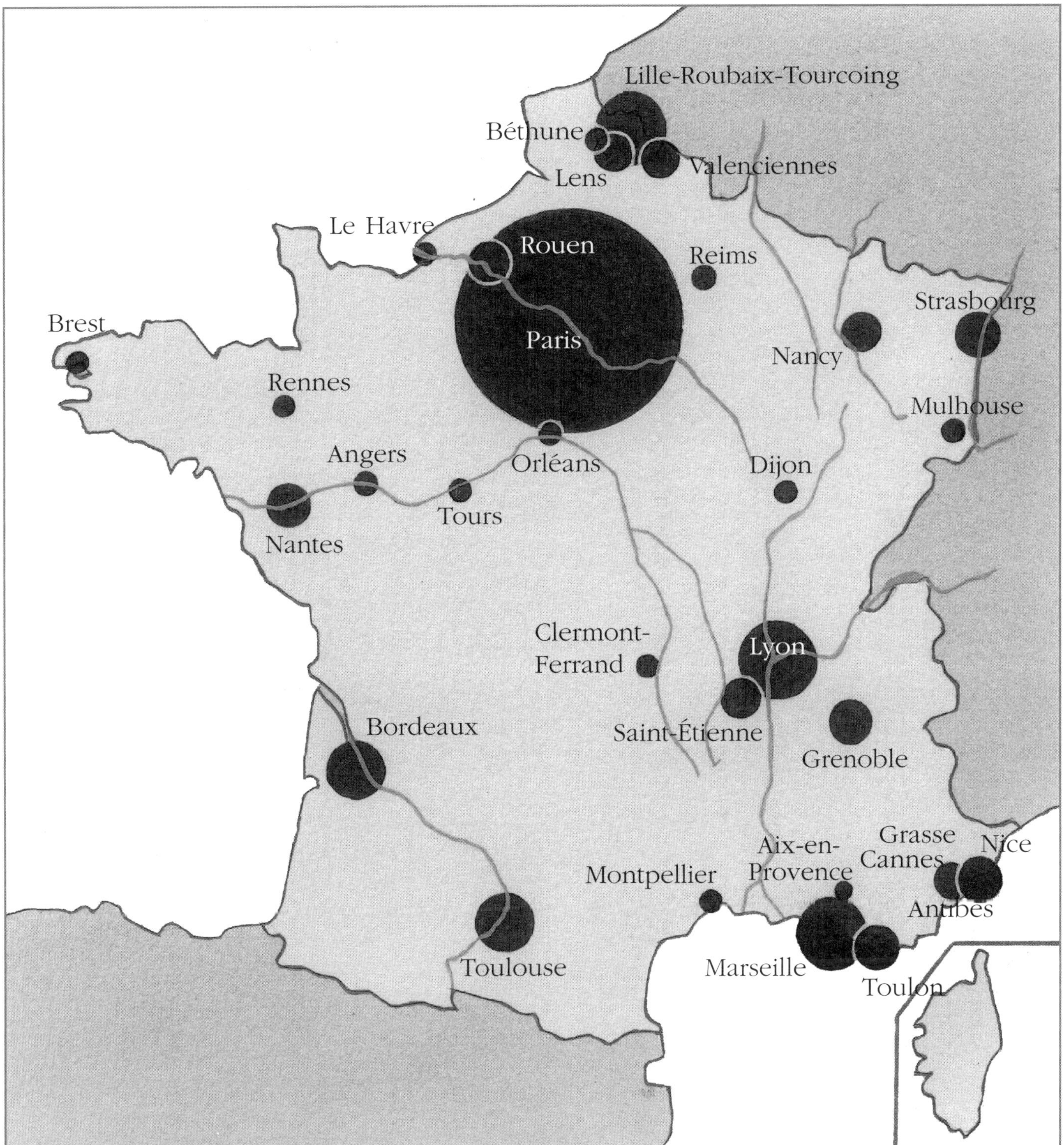

Agglomérations classées d'après leur nombre d'habitants :

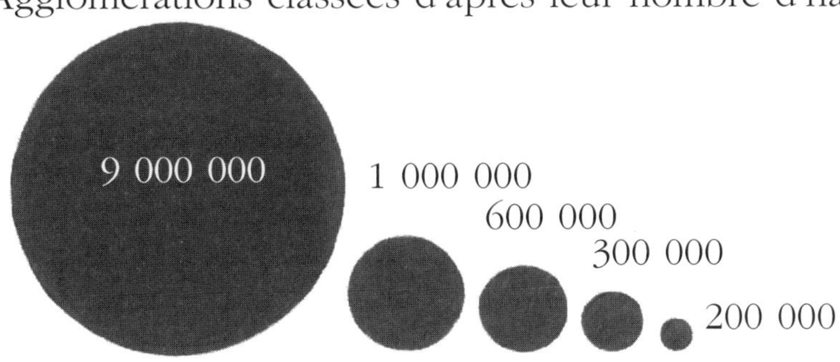

NOM : .... DATE : ....

UN PLANISPHÈRE

SCIENCES

LES FICHES À PHOTOCOPIER EN SCIENCES

Identifier

• Identifier sur des photos ou des dessins des phénomènes biologiques ou physiques (reproduction, régimes alimentaires, transformation des éléments...).

Fiches A et B

Expérimenter

• Réaliser des expériences complémentaires à celles du livre.
• Présenter des résultats d'expériences.
• Utiliser des instruments : thermomètres, balances...

Fiches B

Ordonner

• Ranger dans l'ordre chronologique (germination, naissance ...).

Fiches A et B

Mémoriser

• Réinvestir des notions et du vocabulaire scientifiques découverts en classe ou dans le manuel.

Fiches B

Classer

• Classer selon des critères biologiques ou physiques fondamentaux (propriétés des corps, catégories d'aliments...).

Fiches A et B

Évaluer

Fiches C

Lire

• Lire de brefs comptes rendus d'expériences, des descriptions de phénomènes naturels.

Fiches B

En sciences, il faut encourager les élèves à :

• **expérimenter** chaque fois que cela est possible ;
• se reporter aux pages de méthodologie du manuel ;
• consulter le dictionnaire et différents albums et livres pour la jeunesse.

SCIENCES 1A

NOM : .... DATE : ....

DES PETITS SONT NÉS

1 - LA NAISSANCE DU POUSSIN

L'œuf a été couvé pendant 21 jours. Numérote de 1 à 4 les étapes successives de la naissance du poussin.

☐

☐

☐

☐

Complète la phrase suivante :

À la naissance, les yeux du poussin sont .... et sa peau est recouverte de ....

SCIENCES 1B

NOM : .... DATE : ....

Des petits sont nés

1 - La naissance des chatons

Place le nom correspondant sous chaque photo :

l'allaitement – la chatte juste avant la mise bas – les nouveaux-nés.

....

....

....

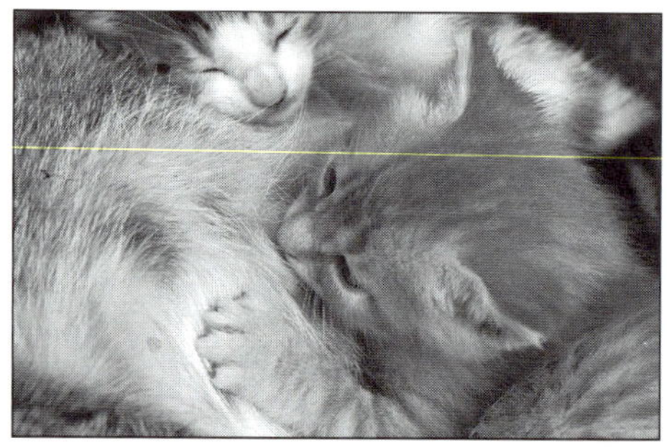

....

2 - Des familles nombreuses

Lis, puis complète.

• Dans le terrier du lapin de garenne, la lapine met au monde 4 petits par portée. Combien en mettra-t-elle au monde dans une année si elle a 6 portées ?

Réponse :
Elle donnera naissance à .... petits en un an.

• Dans son nid, la souris met au monde 9 petits par portée. Combien en mettra-t-elle au monde dans une année si elle a 5 portées ?

Réponse :
Elle donnera naissance à .... petits en un an.

NOM : .... DATE : ....

ÉVALUATION : DES PETITS SONT NÉS

Appréciation :

1 **Quelles sont, pour les animaux, les deux façons de naître ?**
Donne deux exemples pour chaque cas.

....

....

2 **Réponds par vrai (V) ou faux (F). Barre ce qui est faux*.**

- À l'éclosion de l'œuf, les parents sont toujours là pour s'occuper du petit. ☐
- Dans le ventre de la femelle, le petit est dans une poche remplie d'eau. ☐
- « Mettre bas » signifie donner naissance à un ou plusieurs petits qui sortent du ventre de la mère. ☐

3 **Relie chaque animal à sa manière de se reproduire.**

• ponte d'œufs •

• mise bas •

* Après correction de l'enseignant.

SCIENCES 2A

NOM : .... DATE : ....

DEUX PARENTS POUR UNE NAISSANCE

1 - AVANT LA NAISSANCE

Remets de l'ordre dans les dessins en les numérotant de 1 à 3. Puis donne un titre à chaque étape :

la parade nuptiale – la ponte – l'accouplement.

☐ ....

☐ ....

☐ ....

SCIENCES 3A

NOM : .... DATE : ....

À CHACUN SON MENU

1 - Les régimes alimentaires des animaux

Écris sous chaque dessin :
– carnivore, si c'est un animal qui mange d'autres animaux ;
– végétarien, si c'est un animal qui mange des végétaux ;
– omnivore, si c'est un animal qui mange à la fois des animaux et des végétaux ;
– décomposeur, si c'est un animal qui mange des cadavres ou des excréments.

....

....

....

....

....

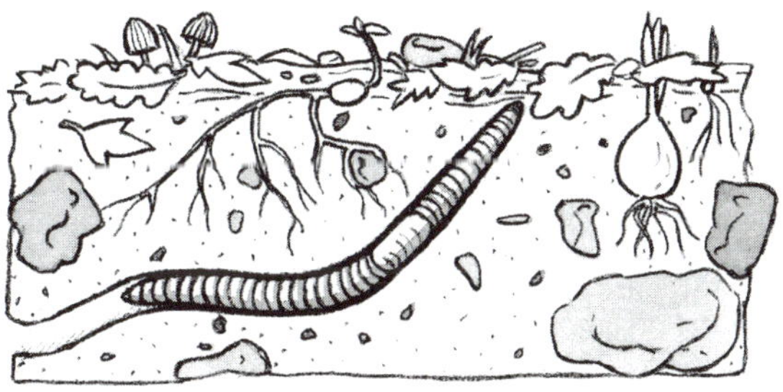

....

....

....

SCIENCES 3B

NOM : .... DATE : ....

À CHACUN SON MENU

1 - Une chaîne alimentaire

Voici une chaîne alimentaire.

Une chenille mange une feuille. Un oiseau mange une chenille. Un chat mange un oiseau.

Réponds aux questions suivantes :

Dans cette chaîne alimentaire :

- qui est mangé en premier ? ....
- quel animal est végétarien ? ....
- quels animaux sont carnivores ? ....

2 - Réfléchis !

- Les coccinelles se nourrissent de pucerons. Le jardinier a pulvérisé un produit antipuceron sur les rosiers. À ton avis, pourquoi n'y a-t-il plus de coccinelles dans le jardin ? ....

....
- Les araignées se nourrissent d'insectes. Sont-elles utiles pour les humains ? ....

....
- On vend des produits pour tuer les limaces et les escargots. Qui utilise ces produits et pourquoi ? ....

....

....

SCIENCES 3C

NOM : .... DATE : ....

ÉVALUATION : À CHACUN SON MENU

Appréciation :

1 Relie, par une flèche, chaque mot à sa définition. Donne un exemple pour chacun d'eux.

carnivore	végétarien	omnivore	décomposeur
•	•	•	•
•	•	•	•
Animal qui ne mange que des plantes.	Animal qui mange des cadavres ou des excréments.	Animal qui mange des animaux.	Animal qui mange des animaux et des plantes. ....

2 Réponds par vrai (V) ou faux (F). Ensuite barre ce qui est faux*.

- Au début de la chaîne alimentaire, il y a toujours un végétal. .... ☐
- Il n'y a pas de végétaux dans une chaîne alimentaire. .... ☐
- Il y a toujours un carnivore dans la chaîne alimentaire. .... ☐

3 Numérote les étapes de cette chaîne alimentaire dans l'ordre où elles se produisent.

◯ 

◯ 

◯ 

◯ 

Complète cette chaîne alimentaire. La flèche ➔ signifie « est mangé par ».

nectar de fleur ➔ .... ➔ .... ➔ .... ➔ ....

* Après correction de l'enseignant.

NOM : .... DATE : ....

J'ÉTAIS, JE SUIS, JE SERAI

1 - Les étapes de la vie

Écris une légende sous chaque photo pour préciser les différentes étapes de la vie. Numérote chacune d'elles, de 1 à 5, dans l'ordre chronologique.

	....

	....

	....

	....

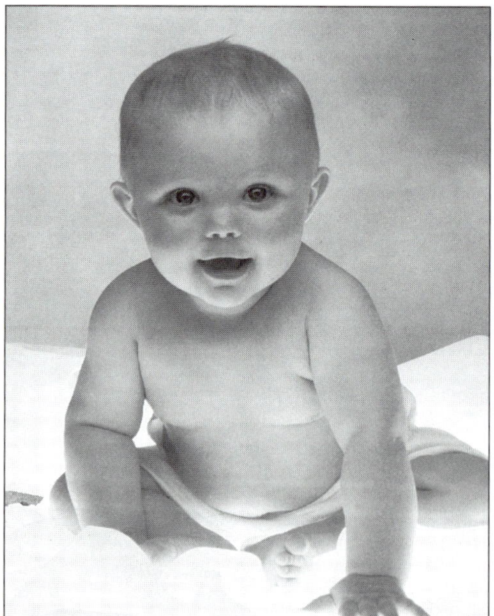

	....

NOM : .... DATE : ....

J'ÉTAIS, JE SUIS, JE SERAI

1 - Le poids

âge	poids
naissance	3 250 g
6 mois	6 400 g
1 an	9 700 g

Calcule de combien a grossi ce bébé

- entre sa naissance et 6 mois : ....
- entre 6 mois et 1 an : ....
- entre sa naissance et 1 an : ....

- Et toi ? Combien de kilos as-tu pris en 1 an ? ....
- En un an, prends-tu plus de poids qu'un bébé ? ....

....

2 - Les dents

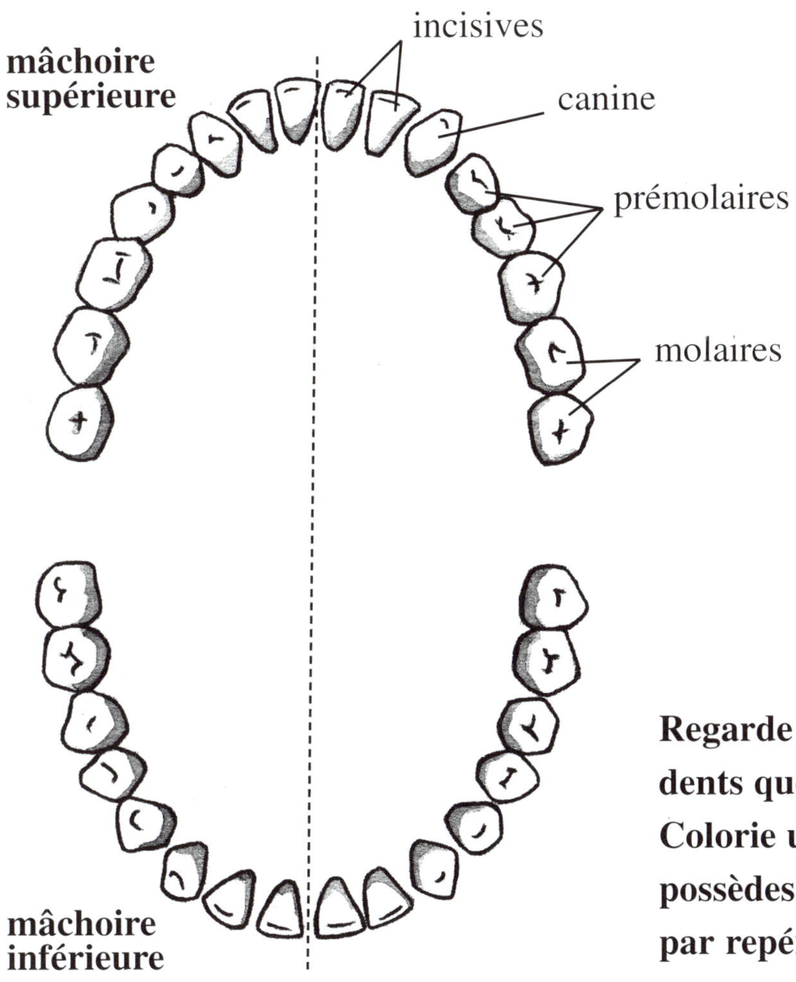

Regarde ce dessin. Il montre toutes les dents que tu auras durant ta vie. Colorie uniquement les dents que tu possèdes. Utilise une glace et commence par repérer les dents de devant.

SCIENCES 4C

NOM : .... DATE : ....

ÉVALUATION : J'ÉTAIS, JE SUIS, JE SERAI

Appréciation :

1 Écris les mots suivants dans l'ordre, du plus jeune au plus âgé :

un adulte – un nouveau-né – un adolescent – un vieillard – un enfant.

....

....

2 Réponds par vrai (V) ou faux (F). Barre ce qui est faux*.

- Avant de naître, le bébé vivait déjà dans le ventre de sa maman. .... ☐
- La croissance se termine vers 40 ans. .... ☐
- Les os des vieillards sont très fragiles. .... ☐
- On peut faire du sport à tout âge. .... ☐
- La croissance se termine vers 13 ans. .... ☐

3 Voici Julien à différents stades de sa croissance. Réponds aux questions du tableau en écrivant un mot ou une courte phrase dans chaque case.

Julien			
À quelle période de sa vie en est Julien ?			
Que manque-t-il ?			
Combien de temps environ dort-il ?			

* Après correction de l'enseignant.

SCIENCES 5A

NOM : .... DATE : ....

Pourquoi mangeons-nous ?

1 - Quel menu !

Colorie et découpe ces 36 vignettes. Classe-les en plusieurs catégories. Donne un nom à chaque catégorie. Tu peux coller les vignettes regroupées en catégories sur une feuille.

NOM : .... DATE : ....

POURQUOI MANGEONS-NOUS ?

1 - LE SELF-SERVICE

Compose deux menus équilibrés, un pour le déjeuner et un pour le dîner.

Entrées	Plats chauds	Desserts
Carottes râpées	*Poulet*	*Fromage*
Œufs durs	*Rôti de veau*	*Fromage blanc aux fruits*
Salade verte	*Steak hâché*	*Yaourt nature*
Tranche de pâté	*Cabillaud*	*Tarte aux pommes*
Pâté de poisson	*Omelette aux champignons*	*Tarte au flan*
Pommes de terre en salade		*Compote de pommes*
Tomates en salade		*Un fruit au choix*
Garnitures	**À disposition**	**Boissons**
Carottes	*Pain, beurre*	*Eau*
Haricots verts	*Sachets de sucre, sel*	*Coca-Cola*
Frites	*Moutarde, ketchup*	*Soda*
Riz, lentilles	*Vinaigrette, mayonnaise*	*Jus d'orange*

menu pour le déjeuner	menu pour le dîner
....	....
....	....
....	....
....	....
....	....

2 - EMBALLAGE

Relève les ingrédients qui composent la pâte à tartiner :

....

....

....

Quelle est la date limite de consommation ?

....

Cette pâte contient un aliment bâtisseur.
Lequel ? ....

SCIENCES 5C

NOM : .... DATE : ....

Évaluation : Pourquoi mangeons-nous ?

Appréciation :

1 Propose un menu équilibré pour un déjeuner.

....

2 Classe les aliments dans le tableau ci-après.

aliments bâtisseurs	aliments énergétiques	aliments protecteurs
....	....	....
....	....	....
....	....	....
....	....	....

3 Complète le texte avec les mots qui conviennent :

bâtisseurs – énergétiques – protecteurs – animale – végétale.

Les viandes, les poissons et les œufs sont des aliments bâtisseurs d'origine .... L'huile, le sucre sont des aliments .... d'origine .... Les fruits et les légumes verts sont des aliments .... Les produits laitiers sont des aliments .... d'origine animale.

NOM : .... DATE : ....

Des graines pour des plantes

1 - La germination du pois

Numérote, dans l'ordre, les quatre étapes de la germination du pois et place le titre qui convient sous chaque dessin :

l'apparition de la racine – la graine de pois – l'apparition de la tige – le développement de la jeune plante.

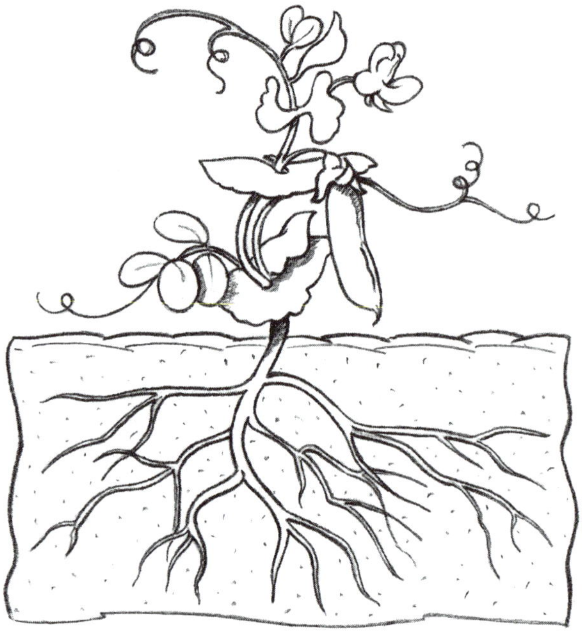

☐ ....
....

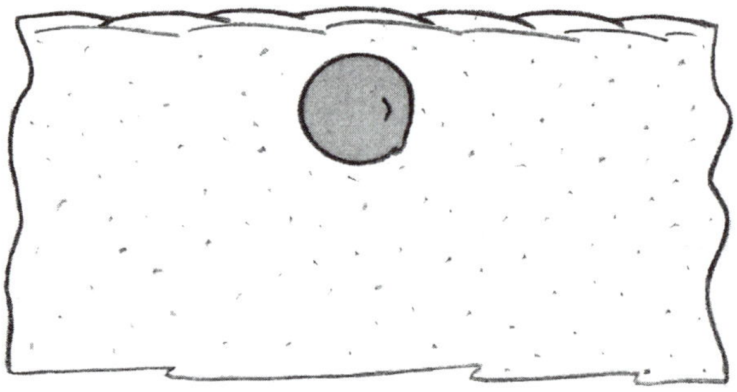

☐ ....

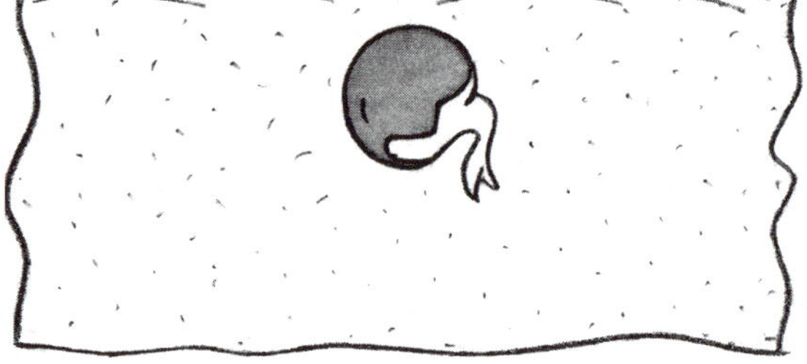

☐ ....

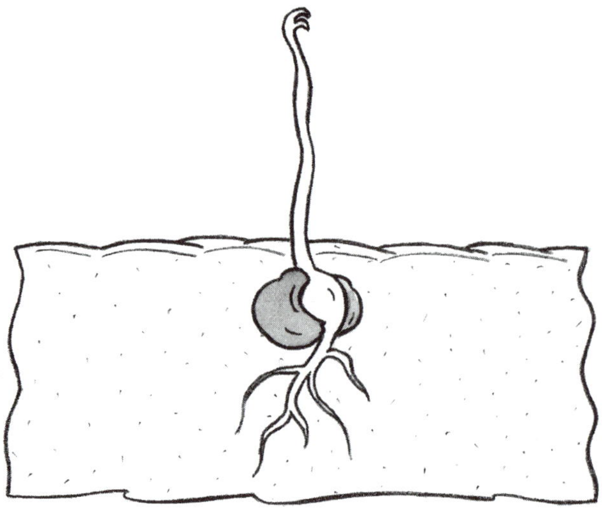

☐ ....

SCIENCES 6B

NOM : .... DATE : ....

DES GRAINES POUR DES PLANTES

1 - DES SEMIS

➠ Agnès et Amina mettent chacune leur semis de maïs dans un placard obscur pour savoir si les graines peuvent germer sans lumière. Elles pensent à bien arroser leur semis.

Le placard d'Agnès est dans le garage non chauffé ; celui d'Amina est dans sa chambre, chauffée à 20° C.

Après une semaine, elles sortent leur pot. Les graines d'Agnès n'ont pas germé. Elle pense donc qu'il aurait fallu les mettre à la lumière.

Pourtant, les graines d'Amina, également dans l'obscurité, ont germé.

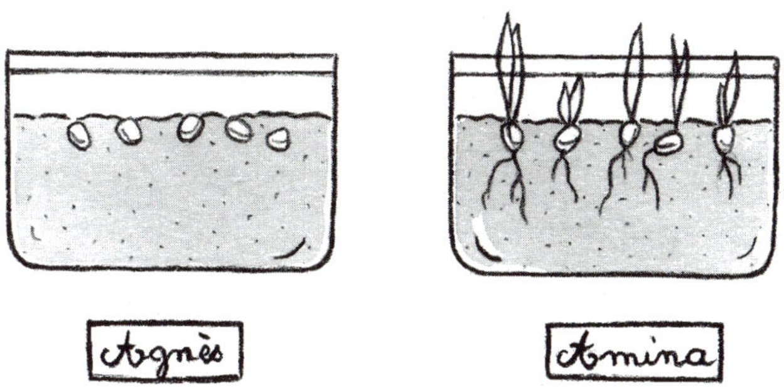

La lumière était-elle nécessaire pour que les graines d'Agnès germent ?

....

Qu'a-t-il manqué à ses graines pour qu'elles germent dans l'obscurité ?

....

Que peux-tu conclure ?

....

....

Attention ! Lorsque l'on change une condition dans une expérience, il faut être sûr que les autres conditions n'ont pas changé.

NOM : .... DATE : ....

ÉVALUATION : DES GRAINES POUR DES PLANTES

Appréciation :

1 Complète le texte suivant :

La graine est protégée par une .... Elle contient une plante en miniature, la .... et des .... qu'elle utilise au moment de la germination.

2 Julie, Nicolas, Amina et Honoré ont semé des graines de blé. Observe leurs expériences.

Julie

semis 

rangé dans le placard fermé

Amina

semis 

rangé dans le réfrigérateur

Nicolas

semis 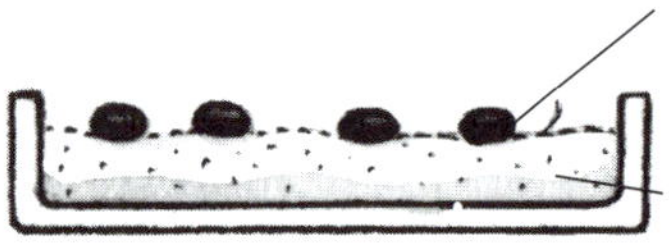

posé sur la table près de la fenêtre

Honoré

semis 

posé sur la table près de la fenêtre

Remplis le tableau selon l'exemple.

semis de	lumière	eau	chaleur	résultat
Julie	Non	Oui	Oui	Les graines vont germer.
Amina				
Nicolas				
Honoré				

Nomme les enfants dont les graines auront bien germé.

....

NOM : .... DATE : ....

De la fleur aux graines

1 - Observation des fleurs

Regarde bien les différents éléments d'une fleur.

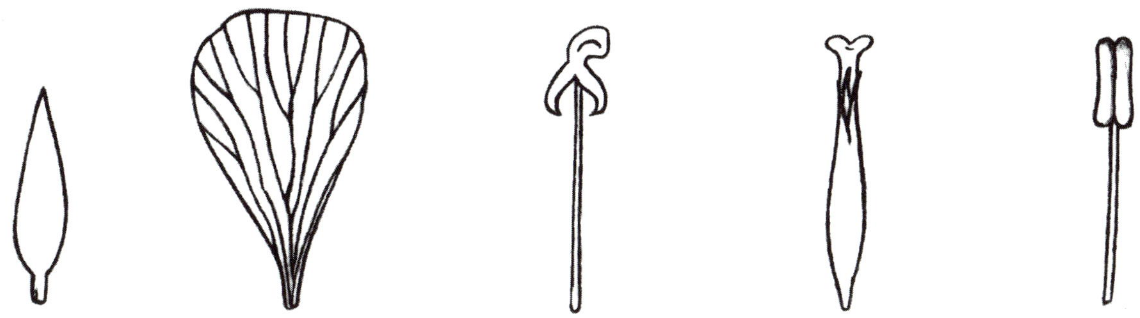

un sépale — un pétale — une étamine ouverte — le pistil — une étamine fermée

Complète les légendes du dessin de la giroflée à l'aide des mots suivants :
un sépale – un pétale – le pistil – une étamine.

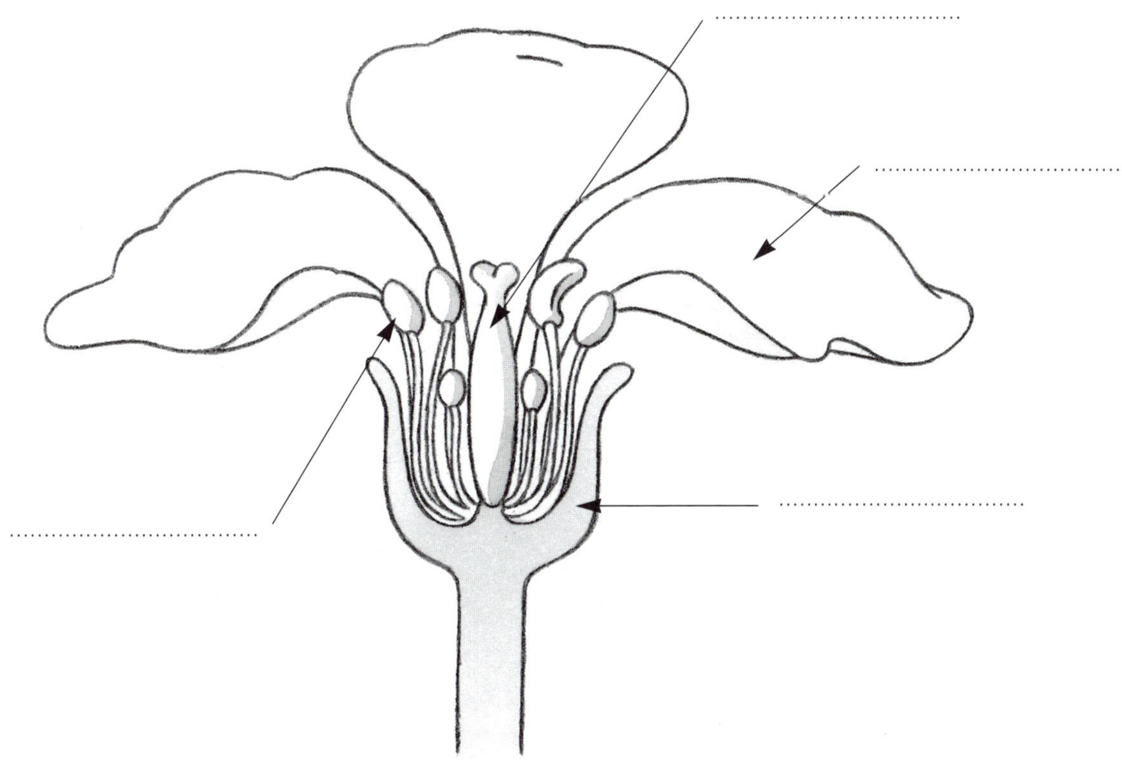

SCIENCES 7B

NOM : .... DATE : ....

De la fleur aux graines

1 - Que mangeons-nous ?

Toutes les plantes citées ci-dessous ont une partie comestible. À l'aide de ton dictionnaire classe-les dans le tableau selon la partie que l'on mange.

un cerisier – une courge – un chou – une carotte – un châtaignier – une lentille – une laitue – du persil – un radis – un navet – une aubergine – une tomate – du maïs – un avocat – un poireau.

fruits	feuilles	graines	racines
....	....	....	....
....	....	....	....
....	....	....	....
....	....	....	....
....	....	....	....
....	....	....	....

2 - Dessine-moi une fleur !

Dessine une fleur en montrant son pistil et ses étamines et un fruit ouvert avec sa (ou ses) graine(s).
Écris sous tes dessins, le nom de la plante que tu auras choisie.

une fleur de ....

un fruit de ....

NOM : .... DATE : ....

ÉVALUATION : DE LA FLEUR AUX GRAINES

Appréciation :

1 Place le titre correspondant sous chaque dessin :

le fruit s'ouvre – le fruit – la graine –
le bouton floral – la fleur épanouie.

Numérote dans l'ordre les étapes de la vie de la pivoine.

☐ ....

☐ ....

.... ☐

☐ ....

.... ☐

2 Réponds aux questions suivantes par une phrase :

- Où se trouve la graine ? ....
....
- Dans quelle partie de la fleur se trouvent les grains de pollen ? ....
....
- Dans quelle partie de la fleur se trouve l'ovule ? ....
....

NOM : .... DATE : ....

Les plantes vertes se nourrissent

1 - La culture du maïs

Photo A : culture d'un champ de maïs en France.

Photo B : culture d'un champ de maïs en Tanzanie.

Observe bien les deux photos ci-dessus pour répondre par oui ou non aux questions du tableau.

	photo A	photo B
La terre a-t-elle eu assez d'eau ?		
La récolte sera-t-elle bonne ?		

SCIENCES 8B

NOM : .... DATE : ....

LES PLANTES VERTES SE NOURRISSENT

1 - LES MAUVAISES HERBES

Les jardiniers passent du temps à lutter contre les mauvaises herbes.
Réponds aux questions en mettant une croix devant la ou les bonnes réponses.

- Qu'est-ce qu'une mauvaise herbe ?
  - ☐ Une plante qu'on ne peut pas manger.
  - ☐ Une plante qui ne pousse pas bien.
  - ☐ Une plante qui n'est pas celle que le jardinier veut cultiver.

- Comment les mauvaises herbes arrivent-elles dans le jardin ?
  - ☐ Le vent ou les insectes transportent leurs graines.
  - ☐ En arrosant le jardinier fait pousser de nouvelles plantes.
  - ☐ Leurs graines sont mélangées à la terre.
- Pourquoi lutter contre les mauvaises herbes ?
  - ☐ Parce qu'elles cachent les autres plantes.
  - ☐ Parce qu'elles consomment l'engrais qui doit servir aux plantes cultivées.
  - ☐ Parce qu'elles consomment de l'eau qui sert aux plantes cultivées.
- Comment le jardinier lutte-il contre les mauvaises herbes ?
  - ☐ En les arrachant, à la main, ou avec un outil appelé « sarcloir ».
  - ☐ En répandant un produit spécial qui les empêche de se développer.
  - ☐ En piochant souvent la terre entre les plantes cultivées.

2 - LES CULTURES EN SERRES

Réponds aux questions après avoir lu le texte explicatif ci-dessous.

Les serres sont des constructions aux parois transparentes. En hiver, elles sont chauffées pour permettre de faire pousser des plantes, comme les tomates, à l'abri du froid. Le plus souvent il n'y a pas de terre, les plantes sont enracinées dans le gravier.

- Que faut-il ajouter régulièrement sur ce gravier pour que les plantes puissent se développer ?

....

- Pourquoi les serres sont-elles vitrées ?

....

SCIENCES 8C

NOM : .... DATE : ....

ÉVALUATION : LES PLANTES VERTES SE NOURRISSENT

Appréciation :

1 Voici les plantations de maïs d'Ernest, Arthur, Amélie et Éloïse.

Ernest

Arthur

Amélie

Éloïse

Plants d'Ernest : verts et drus, tous inclinés du même côté.
Plants d'Arthur : secs et recroquevillés.
Plants d'Amélie : verts et drus.
Plants d'Éloïse : mous et très pâles.

Après avoir observé les plantations réponds aux questions suivantes :

- Qui a oublié d'arroser ses plants ? ....
- Qui a laissé son pot devant la fenêtre sans jamais le changer de place ? ....

....

- Qui a laissé son pot dans un lieu trop obscur ? ....
- Qui a bien arrosé son pot avec de l'eau et de l'engrais et l'a mis à la lumière en le tournant de temps en temps ? ....
- De quoi les plantations des enfants avaient-elles besoin ?

....

2 Réponds par vrai (V) ou faux (F). Ensuite barre ce qui est faux*.

- L'eau est absorbée par les racines. .... ☐
- Les sels minéraux sont mélangés à l'eau et absorbés par les racines. .... ☐
- Les plantes vertes n'ont pas besoin de lumière pour se développer. .... ☐

* Après correction de l'enseignant.

SCIENCES 9A

NOM : .... DATE : ....

L'eau liquide et l'eau solide

1 - Comment faire de la glace

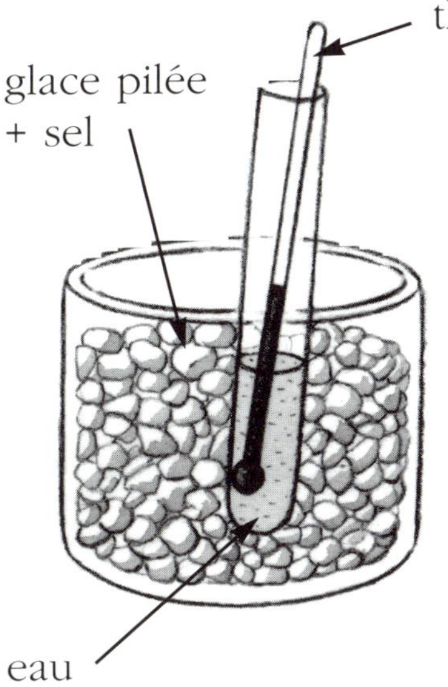

Pour savoir à quelle température la glace se forme, prépare le dispositif ci-contre pour faire du froid. Dans le tube, introduis 1 à 2 cm d'eau froide. Régulièrement, relève la température et note tes observations sur la fiche de comptes rendus ci-dessous. Complète le dessin des thermomètres. Surveille attentivement l'apparition de la glace dans le tube !

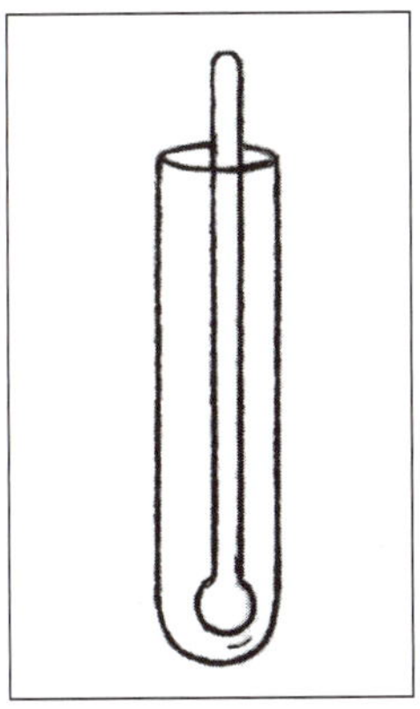

Temps : ....

Température : ....

J'observe :..................

....

....

....

....

....

....

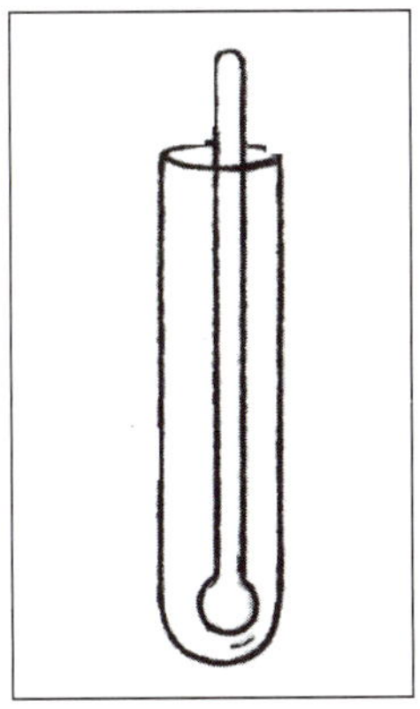

Temps : ....

Température : ....

J'observe :..................

....

....

....

....

....

....

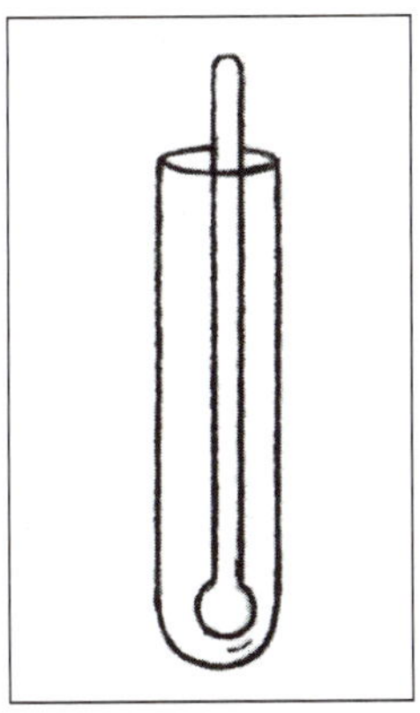

Temps : ....

Température : ....

J'observe :..................

....

....

....

....

....

....

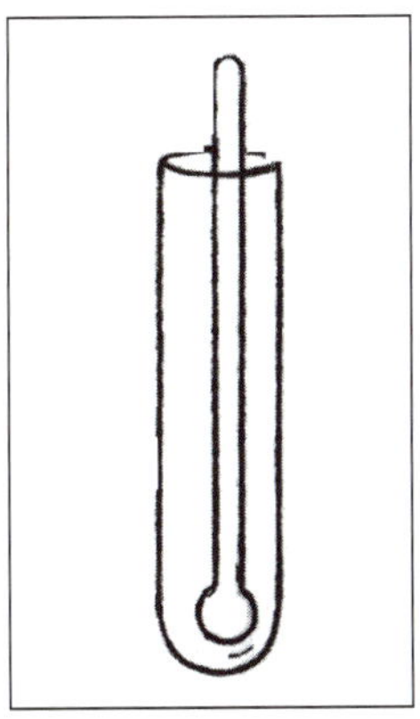

Temps : ....

Température : ....

J'observe :..................

....

....

....

....

....

....

SCIENCES 9B

NOM : .... DATE : ....

L'EAU LIQUIDE ET L'EAU SOLIDE

1 - Mots croisés

1 Lorsqu'il recouvre les routes, les voitures dérapent.

2 Grains de glace qui tombent du ciel.

3 L'eau est un ....

4 Continent recouvert de glace.

5 Énorme morceau de glace flottant sur la mer.

6 Transformation d'un solide en liquide.

7 Eau solidifiée.

8 Transformation d'un liquide en solide.

9 La glace est un ....

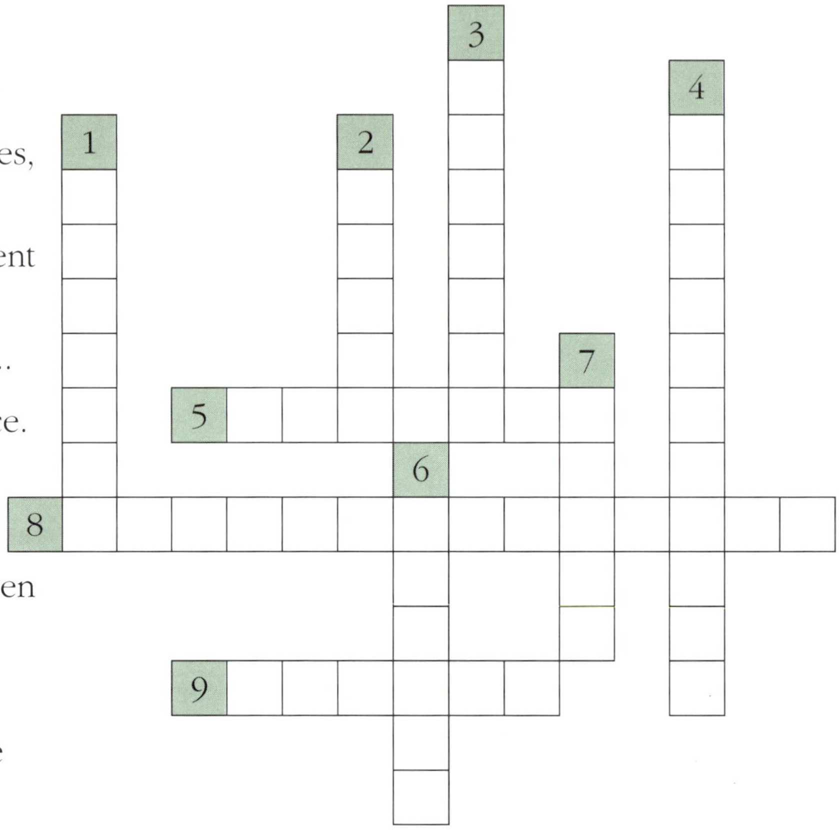

2 - La glace fond

Observe ces quatre tubes, leur contenu varie selon la température. Choisis parmi les températures suivantes celle qui semble convenir à chaque tube :

0°C, - 3°C, O°C, + 2°C

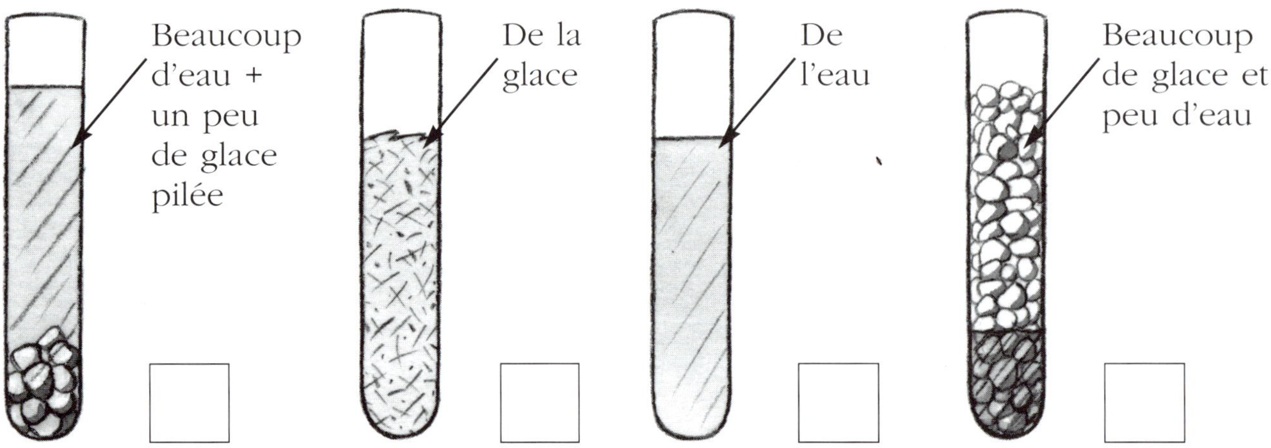

NOM : ....

DATE : ....

ÉVALUATION : L'EAU LIQUIDE ET L'EAU SOLIDE

Appréciation :

1 Réponds par vrai (V) ou faux (F). Ensuite barre ce qui est faux*.

- La solidification de l'eau s'effectue à 100°. .... ☐
- La fusion de la glace donne de l'eau. .... ☐
- La solidification de l'eau donne de la glace. .... ☐
- L'eau au-dessus de 0°C est liquide. .... ☐

2 Un bocal a été rempli de neige. Il est pesé et laissé une heure dans la classe.

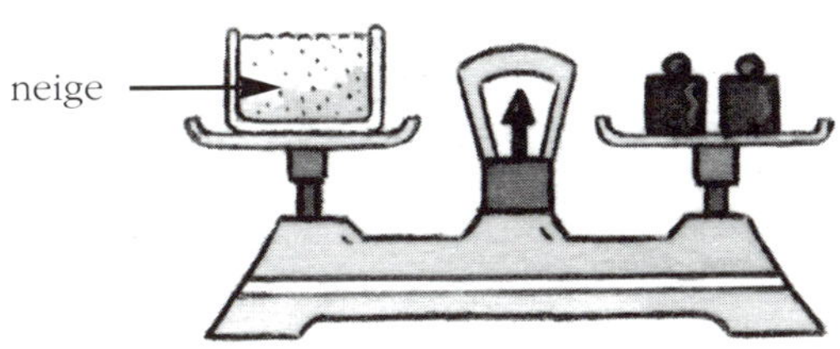

1 Début de l'expérience

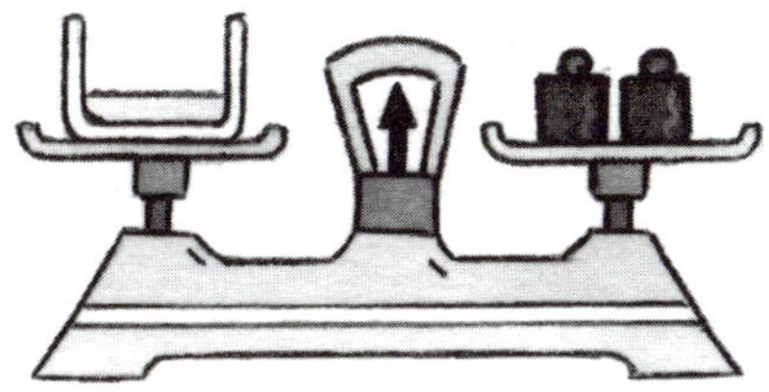

2 Après une heure

Observe les schémas et réponds aux questions suivantes :

- Qu'est devenue la neige ? ....
- Le volume dans le bocal 2 a-t-il augmenté ou diminué ? ....
- La masse dans le bocal 2 a-t-elle augmenté ou diminué ? ....
- La glace se comporte-elle de la même façon ? ....

....

3 Colorie le thermomètre.

La glace vient d'apparaître dans le tube à essai.
Colorie le thermomètre et indique la graduation de la température de la glace dans le tube.

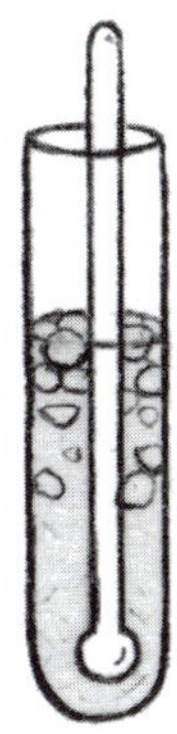

La glace est en train de fondre.
Colorie le thermomètre et indique la graduation de la température dans le tube.

* Après correction de l'enseignant.

NOM : .... DATE : ....

EAU VISIBLE, EAU INVISIBLE

1 - POUR SÉCHER LE LINGE

Observe les images et coche la bonne réponse.

Le linge séchera plus vite dans la situation ☐ 1, ☐ 2, ☐ 3, ☐ 4.

Réponds aux questions suivantes :

- Que faut-il pour que le linge sèche ? ....
....
....
- Pourquoi y a-t-il de la buée sur les vitres de l'image ④ ? ....
....
....

SCIENCES 10B

NOM : .... DATE : ....

EAU VISIBLE, EAU INVISIBLE

1 - MOTS CROISÉS

1. Transformation de la vapeur d'eau en eau.
2. Transformation de l'eau en vapeur.
3. Il y en a sur les vitres quand la vapeur d'eau se condense.
4. La vapeur d'eau en est un.
5. C'est un gaz invisible produit par l'évaporation d'eau.
6. Formation de bulles de vapeur d'eau dans l'eau bouillante.

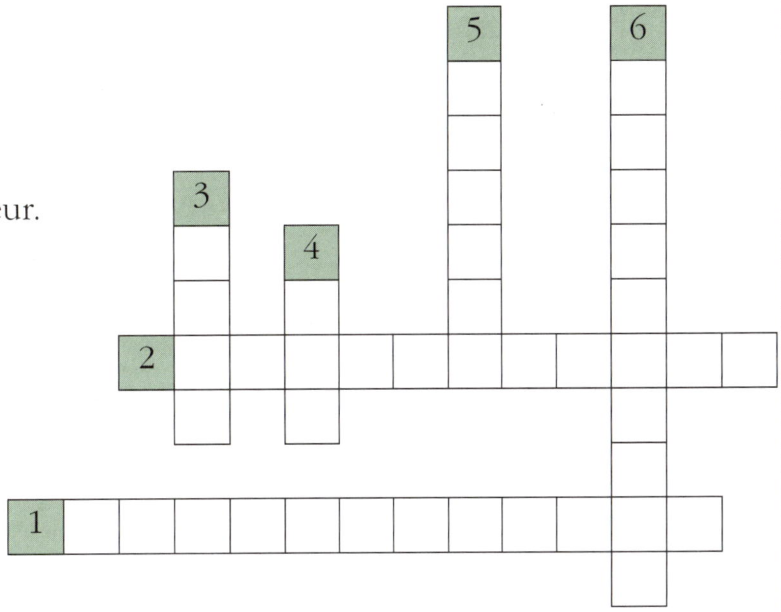

2 - L'EAU BOUT

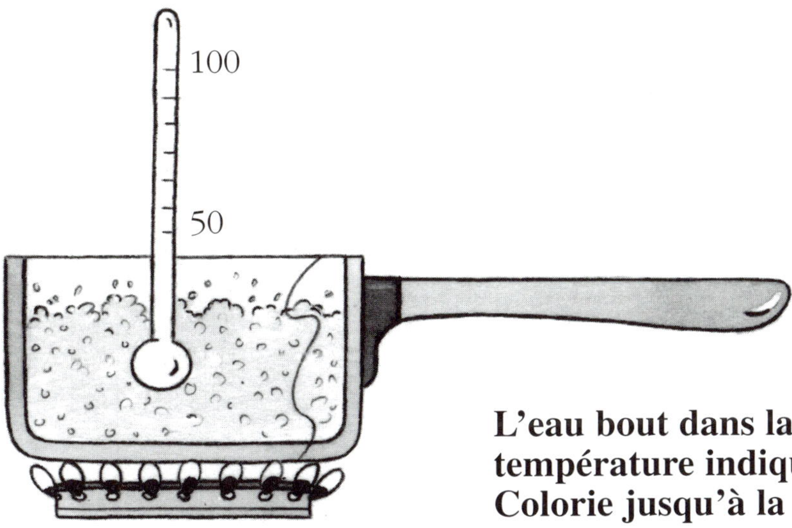

L'eau bout dans la casserole. Quelle température indique le thermomètre ? Colorie jusqu'à la bonne graduation.

3 - À TON AVIS

- Il n'a pas plu durant la nuit, pourtant au matin le sol est mouillé, pourquoi ?

....

- En hiver, l'intérieur des vitres de la piscine est couvert de vapeur d'eau, pourquoi ?

....

SCIENCES 10C

NOM : .... DATE : ....

ÉVALUATION : EAU VISIBLE, EAU INVISIBLE

Appréciation :

1 Observe le dessin, puis écris devant chaque explication le numéro qui correspondant.

- ☐ L'air devient plus froid, les gouttelettes qui forment le nuage grossissent. Trop lourdes, elles tombent : il pleut.
- ☐ Le soleil chauffe, le vent souffle : l'eau de mer s'évapore dans l'air et se transforme en vapeur.
- ☐ Au printemps et en été, l'eau de la fonte des neiges et des glaciers donne naissance à des cours d'eau.
- ☐ Les fleuves se jettent dans la mer.
- ☐ Dans le ciel, la température diminue. La vapeur d'eau se condense en petites gouttelettes, formant ainsi un nuage.
- ☐ La température baisse, les fines gouttelettes se transforment en cristaux : il se met à neiger.
- ☐ L'eau de pluie ruisselle sur le sol et donne naissance à de petits ruisseaux.
- ☐ Tous les petits cours d'eau se jettent dans une rivière ou un fleuve.

2 Entoure la bonne réponse.

- L'évaporation de l'eau est favorisée par : le vent la chaleur le froid
- La condensation de l'eau est favorisée par : la chaleur le froid
- L'eau bout à : 50°C 100°C 0°C

SCIENCES 11A

NOM : ....   DATE : ....

DES MÉLANGES AVEC L'EAU

1 - LA RÉCOLTE DU SEL CONTENU DANS L'EAU DE MER

Numérote ces dessins de 1 à 4 : de la mise en eau des bassins à la récolte du sel.

☐

☐

☐

1

Décris chaque étape en une phrase.

1 L'eau de mer recouvre presque totalement les bassins.

2 ....

3 ....

4 ....

NOM : .... DATE : ....

DES MÉLANGES AVEC L'EAU

1 - EXPÉRIENCE AVEC LE SUCRE

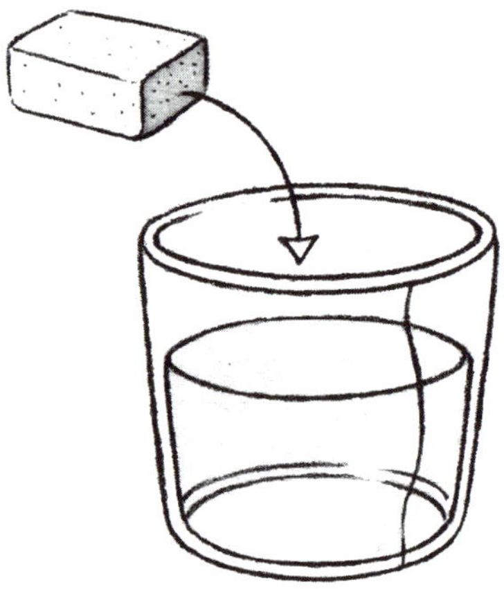

Si on met un morceau de sucre dans un verre d'eau :

• Le sucre sera-t-il encore visible après 3 minutes ?

....

....

....

• À ton avis comment pourrait-on savoir si cette eau contient du sucre ?

....

....

• Pourrait-on récupérer le sucre ?

....

• Si oui, comment ?

....

....

....

Dessine l'expérience qu'il faudrait réaliser.

Ajoute, un par un, des morceaux de sucre dans le verre. Observe ce qui se passe.

• Que remarques-tu ?

....

• Que dit-on alors de l'eau qui n'arrive plus à dissoudre le sucre ?

....

• Que faut-il faire pour que la dissolution puisse continuer ?

....

SCIENCES
11C

NOM : .... DATE : ....

ÉVALUATION : DES MÉLANGES AVEC L'EAU

Appréciation :

1 **De la terre a été mélangée à de l'eau. Que faut-il faire pour obtenir à nouveau de l'eau claire ? Indique deux façons de faire.**

....

....

Dessine-les.

Peux-tu récupérer de la même façon du sucre ou du sel mélangé à l'eau ?

....

2 **Cite un produit solide soluble dans l'eau :** ....

Cite un produit liquide soluble dans l'eau : ....

3 **Écris S sous les dessins des produits solubles dans l'eau.**

I sous ceux qui sont insolubles.

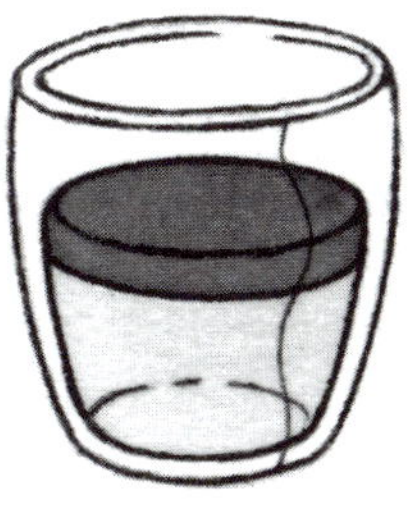

eau + huile

....

eau + encre

....

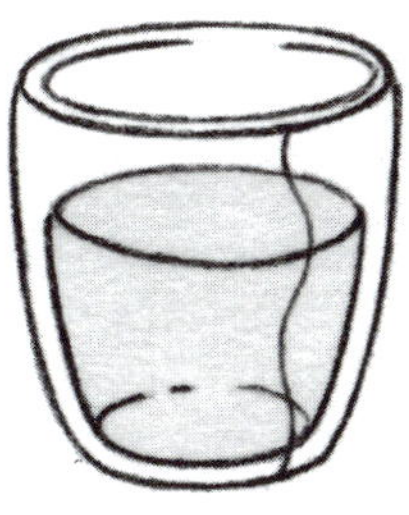

eau + sucre

....

eau + sable

....

SCIENCES 12A

NOM : .... DATE : ....

DE L'AIR TOUT AUTOUR DE NOUS

1 - ILS FONCTIONNENT AVEC DE L'AIR !

Place sous chaque dessin le numéro correspondant à la bonne définition. Le premier est donné en exemple.

				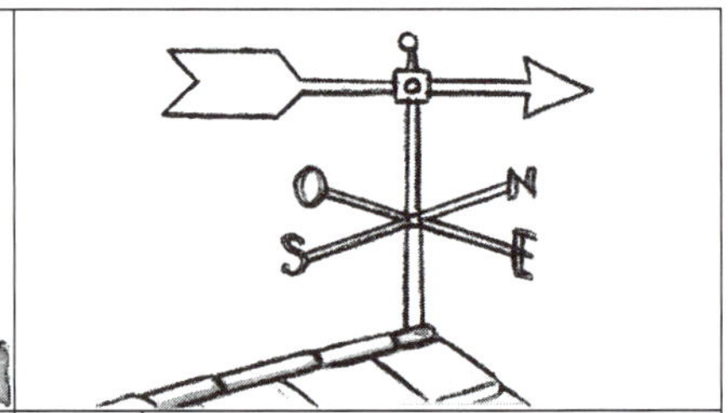	
9	un aéroglisseur		un deltaplane		une girouette
		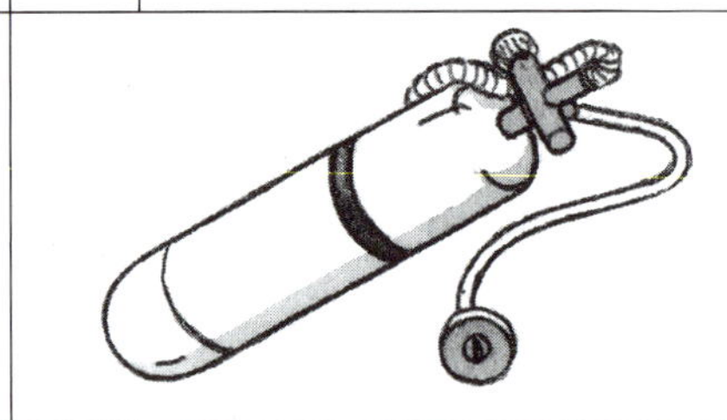			
	un aspirateur		une bouteille d'air comprimé		un ventilateur
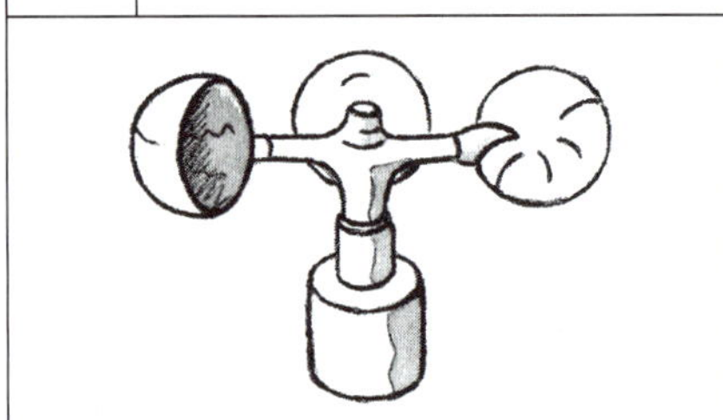					
	un anémomètre		une éolienne		un cerf-volant

1. Son pilote l'utilise souvent en montagne. Il se sert des courants d'air chaud pour gagner de l'altitude.

2. On le dirige du sol à l'aide d'un long fil de nylon ; il suit les mouvements du vent.

3. Pour connaître la direction du vent, il suffit de regarder le sens de sa flèche.

4. Pour respirer longtemps sous l'eau, il faut beaucoup d'air. On comprime alors une grande quantité d'air dans un récipient d'acier.

5. Ses pales brassent l'air et donnent une sensation de vent frais.

6. Très utile pour calculer la vitesse du vent : plus il y a de vent plus il tourne vite.

7. Cet appareil électrique aspire l'air chargé de poussières. À l'intérieur les poussières sont retenues dans un sac, tandis que l'air est rejeté à l'extérieur.

8. Le vent, en faisant tourner ses pales, donne la force nécessaire pour pomper de l'eau ou produire de l'électricité.

9. Pour mieux glisser sur l'eau, ce bateau s'élève sur un coussin d'air.

SCIENCES 12B

NOM : .... DATE : ....

De l'air tout autour de nous

1 - Sous l'eau

Plonge un bocal ouvert, la tête en bas, dans un seau plein d'eau. Incline le bocal pour faire sortir l'air. Le bocal se remplit. Glisse l'extrémité d'un tuyau flexible à l'intérieur du bocal. Par l'autre extrémité restée à l'extérieur souffle dans le tuyau.

Que se passe-t-il ?

....

....

Si tu aspires que se passe-t-il ?

....

2 - Le ballon se gonfle seul

Découpe un ballon de baudruche et fixe-le parfaitement sur l'ouverture d'un petit pot de verre avec un élastique.

Plonge le pot dans l'eau chaude : le ballon se gonfle légèrement.

Plonge ensuite le pot dans l'eau très froide : le ballon se dégonfle et se retourne même dans l'autre sens.

Quelles conclusions peux-tu tirer de cette expérience ?

....

....

NOM : .... DATE : ....

ÉVALUATION : DE L'AIR TOUT AUTOUR DE NOUS

Appréciation :

1 Décris ou dessine une expérience qui permet de montrer qu'il y a de l'air tout autour de toi.

....

....

....

....

....

2 Pour chaque phrase, coche la bonne réponse. Ensuite barre ce qui est faux*.

- L'air est un ☐ gaz, un ☐ liquide, un ☐ solide.
- Il est ☐ visible, ☐ invisible.
- Il est ☐ odorant, ☐ inodore.
- Il occupe ☐ tous les espaces libres, ☐ la moitié des espaces libres.
- On peut comprimer l'air pour ☐ augmenter, ☐ réduire l'espace qu'il occupe.
- L'air chaud ☐ monte, ☐ descend.

* Après correction de l'enseignant.

3 Colorie les objets qui fonctionnent grâce à l'air. Il en existe d'autres. Dessines-en un autre dans la case vide.

NOM : .... DATE : ....

BALANCES ET BALANÇOIRES

1 - UN POIDS POUR CHAQUE CHOSE

Après avoir observé les balances, réponds aux questions suivantes :

- Quel est le légume le plus léger ?

....

- Quel est le légume le plus lourd ?

....

- Classe les quatre légumes du plus lourd au moins lourd.

....

....

NOM : .... DATE : ....

Balances et balançoires

1 - Pesées avec des masses marquées

Sylvia fait un gâteau et doit peser
les ingrédients.
Elle a une balance
avec sa boîte de masses marquées.

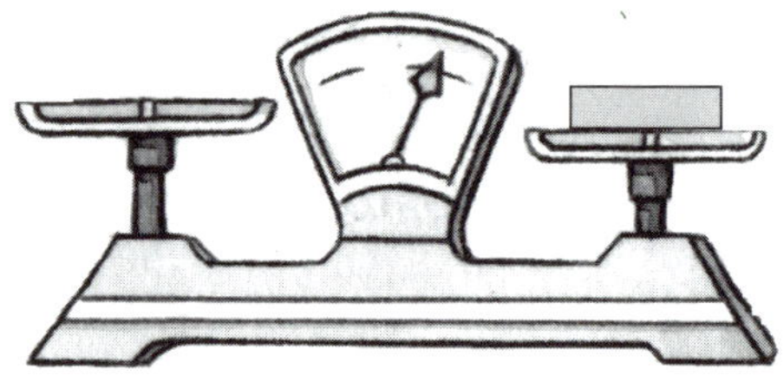

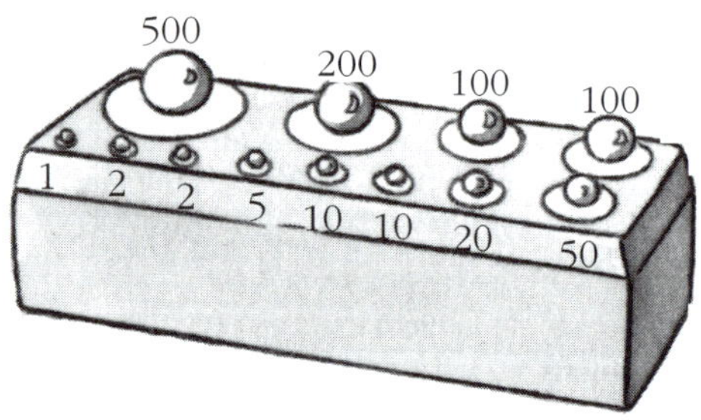

Indique à côté du poids de chaque ingrédient quelles masses marquées elle doit utiliser.

- 350 g de beurre ....
- 650 g de farine ....
- 320 g de sucre ....
- 270 g de chocolat ....
- 4 g de poudre de vanille ....

2 - Leviers

Pour chaque objet dessiné, indique par la lettre A le point d'appui du levier et par la lettre M l'endroit où s'exerce la force de la main. Le premier est donné en exemple.

une brouette

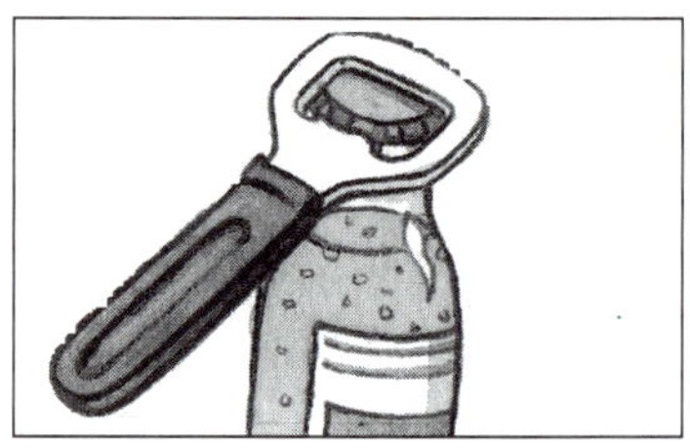

un décapsuleur

une catapulte

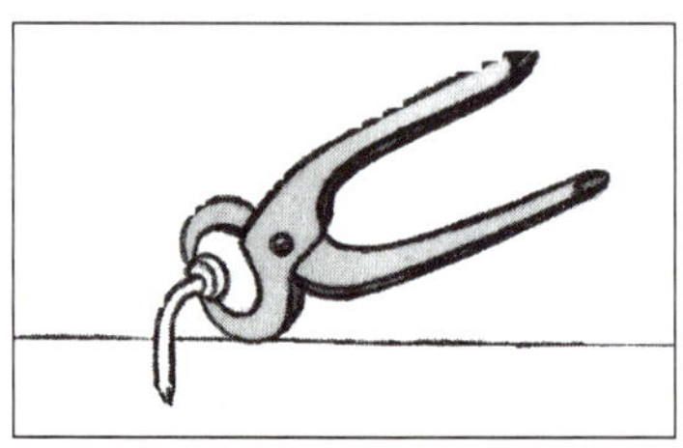

une tenaille

NOM : ....   DATE : ....

ÉVALUATION : BALANCES ET BALANÇOIRES

Appréciation :

1 Observe les deux balances. Dessine leur aiguille.

A

B

Coche la bonne réponse.

- Les plateaux de la balance A sont ☐ en équilibre, ☐ en déséquilibre.
- Les cadeaux de la balance A ont ☐ des masses différentes, ☐ la même masse.
- La masse de l'ananas est ☐ plus grande que la masse de la pomme, ☐ moins grande.

2 Observe le mobile ci-dessous.

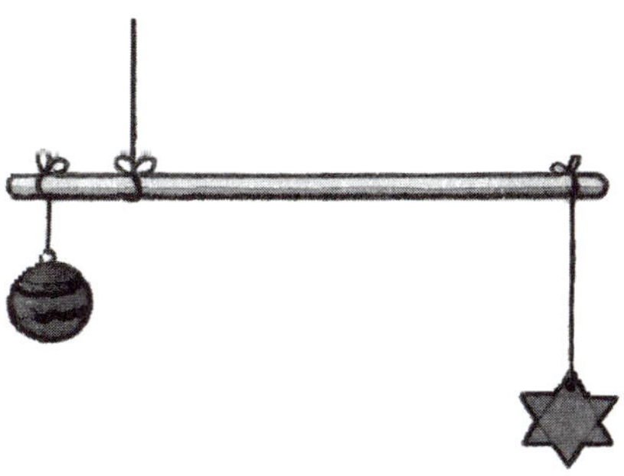

Reconstruis le mobile avec la boule et la ficelle.

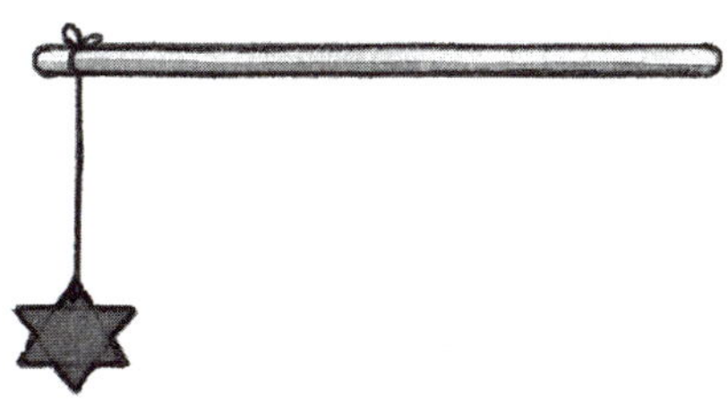

3 Colorie uniquement les outils qui sont des leviers.

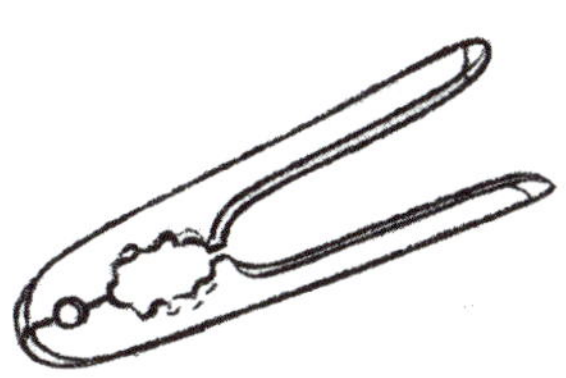

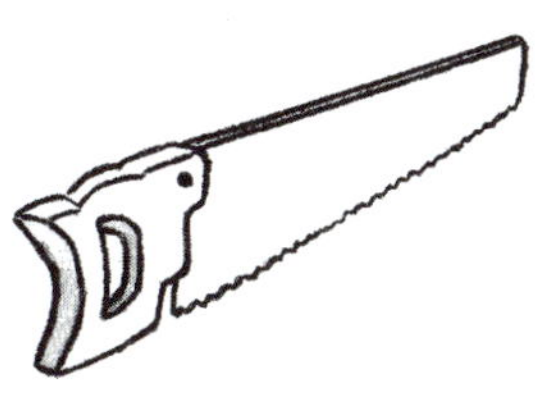

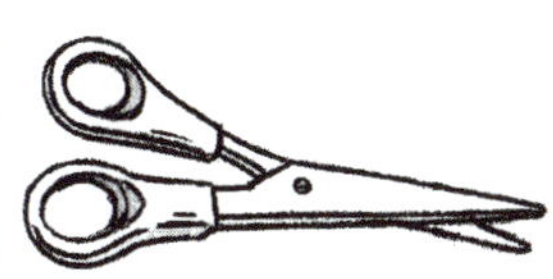

PETIT DICTIONNAIRE POUR SCIENTIFIQUE EN HERBE

A

Accouplement :
le mâle et la femelle s'unissent pour faire des petits.

Aliments bâtisseurs :
ils permettent de grandir, de former les os, les muscles, les organes. Ce sont, par exemple, les laitages, les viandes.

Aliments énergétiques :
ils donnent des forces.
Ce sont la viande, le beurre, le chocolat…

Aliments protecteurs :
ils permettent au corps de se défendre et de se protéger. Ce sont les fruits et les légumes.

C

Carnivore :
se dit d'un animal qui se nourrit d'autres animaux.

Condensation :
lorsque la vapeur d'eau refroidit, elle se transforme en eau, on dit qu'elle se condense.

D

Décomposeur :
animal qui se nourrit de végétaux morts et d'animaux morts ou d'excréments.

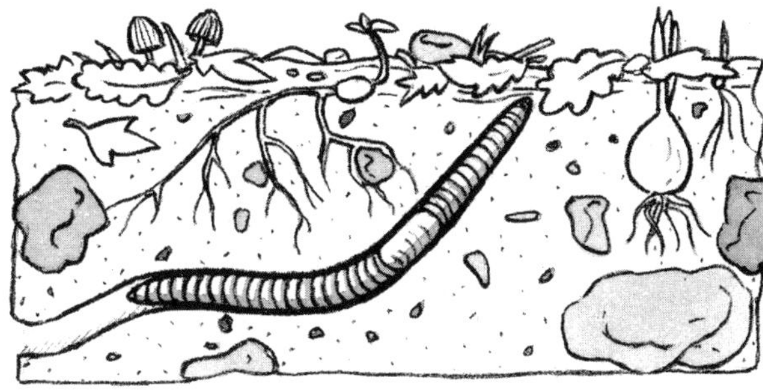

E

Ébullition : l'eau chauffée à 100°C produit une vapeur qui fait des bulles, on dit qu'elle bout.
Éclosion : se dit du moment où les petits sortent de l'œuf.
Engrais : ils s'obtiennent par la décomposition de tous les déchets de plantes et d'animaux morts. On le répand sur la terre pour enrichir le sol. Il existe aussi des engrais chimiques.
Étamine : partie de la fleur qui contient le pollen.

Évaporation : l'eau s'évapore lorsqu'elle se transforme en gaz invisible.

F

Fécondation : union d'un ovule et d'un spermatozoïde pour former un petit. La fécondation peut, selon les animaux, avoir lieu dans le ventre de la mère ou à l'extérieur de son corps.
Filtrer : séparer l'eau et le solide mélangés, grâce à un filtre.
Fusion : transformation de la glace en eau ; on dit que la glace fond.

G

Germination : il y a germination quand la plantule sort de la graine.

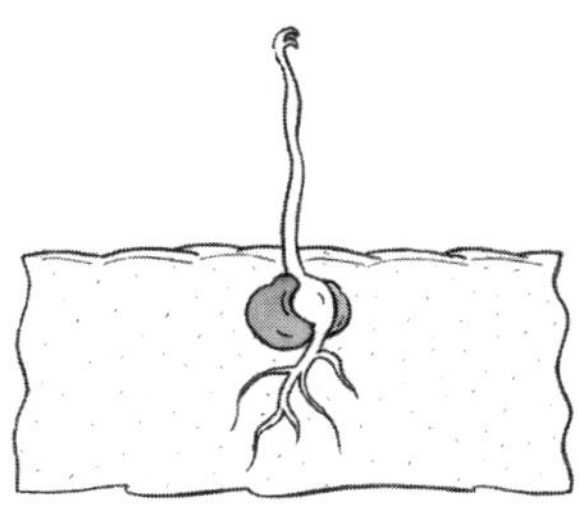

M

Mise bas : accouchement chez les animaux.

N

Naissance : moment où le petit sort de l'œuf ou moment où le petit sort du ventre de sa mère.

Nettoyeur : animal qui se nourrit uniquement de détritus, de cadavres d'autres animaux.

O

Omnivore : se dit d'un animal qui mange des végétaux et des animaux.

P

Pistil : partie de la fleur qui contient les ovules.

Prédateur : un animal chasseur qui se nourrit d'autres animaux.

S

Sels minéraux : contenus dans le sol, ils sont indispensables à la croissance des plantes.

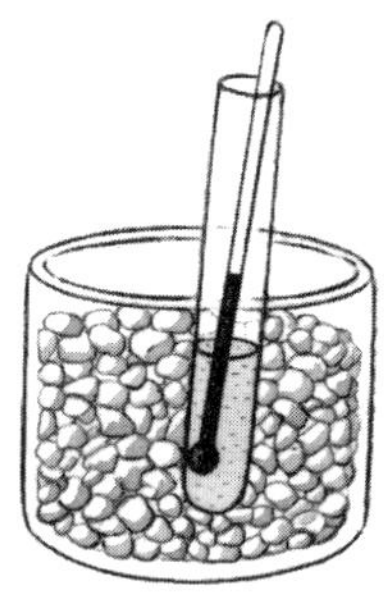

Solidification :
l'eau se solidifie lorsqu'elle se transforme en glace.
L'eau est solide au-dessous de 0°C.

Soluble :
se dit de produits liquides, solides ou gazeux qui se mélangent parfaitement à l'eau.

V

Végétarien :
se dit d'un animal qui se nourrit de plantes.

Vent : mouvements provoqués par les déplacements de l'air.

Crédit photographique

Abréviations utilisées :
h : haut, b : bas, m : milieu, g : gauche, d : droite.

p.16 : Lauros-Giraudon ; **p.28**, h : Hubert Josse, bg : Hachette, bd : Hachette ; **p.43**, mg : Hachette, mm : l'Illustration du 4.9.1915, md : Hachette ; **p.45**, bg : Kharbine-Tapabor, bm : Hachette, bd : Kharbine-Tapabor ; **p.63**, hg : Pix/Zen, hd : G. Zimmermann, bg : Pix/Yvan Anger, bd : Pix ; **p.90**, hg : Pix/Geoff Harwood, hd : Pix/Dorian Weisel, md : Gamma/Noël Quidu, bg : Cap-Viollet ; **p.101**, hg : Sunset-Photo N.H.P.A., hd : Sunset-Photo N.H.P.A., bg : Pix/Bavaria-Bildagentur, bd : Sunset-Photo N.H.P.A. ; **p.102**, g : Bernie/Cogis, hd : Remy/Cogis, md : Amblin/Cogis ; **p.110**, gh : Sunset-C. Capel, gm : Pix/FPG, gb : Pix/FPG, dh : Pix/FPG, db : Pix/FPG ; **p.122**, g : Pix/John Lythgoe, d : Sunset-Holt/Studios.

Achevé d'imprimer sur les presses de JOUVE - N° : 275212N
Dépôt légal : 9102/12/99. - Collection n° 20. - Édition n° 04 11/5814/6